Zu diesem Buch

Als Hemingway im Jahre 1956 mit seiner Frau Mary im Hôtel Ritz in Paris abstieg, ließ er sich aus dem Keller die alten Koffer holen, die dort seit mehr als zwanzig Jahren gelagert hatten. Sie enthielten seine Tagebücher und Aufzeichnungen aus der Zeit nach dem Ersten Weltkrieg, als er Korrespondent einer kanadischen Zeitung in Paris war. An diesen Notizen hat er bis kurz vor seinem Tod gearbeitet. Das Ergebnis dieses Buches – Erinnerung an glückliche Zeiten in Frankreich. Wir streifen mit Hemingway durch die Straßen von Paris, beobachten die Angler an der Seine und sitzen mit ihm auf der Terrasse der «Closerie des Lilas». Da war kein Geld, um Bücher zu kaufen; eine Mahlzeit im Restaurant war Luxus und ein Gewinn beim Pferderennen ein Ereignis, das man mit Champagner feierte. Mit überraschendem Humor und aus intimer Kenntnis beschreibt Hemingway die Menschen, mit denen er und seine erste Frau zusammentreffen. Gertrude Stein in ihrem überladenen Studio, die ihnen rät, Bilder statt Kleider zu kaufen; Ezra Pound, den Hemingway im Boxen unterrichtet; James Joyce, Scott Fitzgerald und viele andere.

«Hier wird eine Vergangenheit in einer Stadt wiedererweckt, die rückblickend wie ein einziges, ein unaufhörliches Fest erscheint, ein Fest, das man im Herzen und im Gedächtnis behält» (Siegfried Lenz in «Bücherkommentare»).

Der Nobelpreisträger Ernest Hemingway wurde am 21. Juli 1899 als Sohn eines Arztes in Oak Park/Illinois geboren. 1917 verließ er die Stadt, wurde Reporter an einer Lokalzeitung in Kansas City, ging 1918 mit einer Rote-Kreuz-Kolonne an die italienische Front und wurde schwer verwundet. 1920 lernte er in Chicago den Dichter Sherwood Anderson kennen, der sein literarischer Lehrmeister wurde. 1921 schickte ihn der «Toronto Star» als Sonderkorrespondenten in den Nahen Osten und in die Schweiz. Danach verbrachte Hemingway fünf Jahre in Paris. Schon sein erster Roman «Fiesta» (rororo Nr. 5) erregte literarisches Aufsehen. 1927 siedelte sich Hemingway an der Küste Floridas an. Im spanischen Bürgerkrieg war er Korrespondent auf der Seite der Republikaner. 1944 trat er in die Royal Air Force ein. Nach dem Kriege stürzte er zweimal mit dem Flugzeug über Afrika ab und schied schließlich schwer krank am 2. Juli 1961 freiwillig aus dem Leben.

Weiter Werke: «Wem die Stunde schlägt», «In einem andern Land» (rororo Nr. 216), «In unserer Zeit» (rororo Nr. 278), «Männer ohne Frauen» (rororo Nr. 279), «Der Sieger geht leer aus» (rororo Nr. 280), «Der alte Mann und das Meer» (rororo Nr. 328), «Schnee auf dem Kilimandscharo» (rororo Nr. 413), «Über den Fluß und in die Wälder» (rororo Nr. 458), «Haben und Nichthaben» (rororo Nr. 605), «Die grünen Hügel Afrikas» (rororo Nr. 647), «Tod am Nachmittag» (rororo Nr. 920), «49 Depeschen» (rororo Nr. 1533), «Die Sturmfluten des Frühlings» (rororo Nr. 1716), «Inseln im Strom» (rororo Nr. 4080), «Die Nick Adams Stories» (rororo Nr. 5091), «Vier Stories aus dem spanischen Bürgerkrieg» und «Die Stories». In der Reihe «rowohlts monographien» erschien als Band 73 eine Darstellung Ernest Hemingways in Selbstzeugnissen und Bilddokumenten von Georges-Albert Astre. 1967 erschien im Rowohlt Verlag «Ernest Hemingway. Der Schriftsteller und sein Werk» von Carlos Baker, 1977 von Mary Welsh Hemingway «Wie es war». Im Rowohlt Taschenbuch Verlag erschien eine zehnbändige Ausgabe «Gesammelte Werke».

Ernest Hemingway

Paris - ein Fest fürs Leben

rororo

Rowohlt

Die Originalausgabe erschien bei Charles Scribner's Sons, New York,
unter dem Titel «A Moveable Feast»
Autorisierte Übertragung aus dem Amerikanischen von
Annemarie Horschitz-Horst
Umschlagentwurf Werner Rebhuhn
Dem Umschlag liegt ein Ausschnitt aus dem Gemälde
von Signac «Pont Neuf» zugrunde (Folkwang-Museum, Essen)

141.–146. Tausend September 1983

Veröffentlicht im Rowohlt Taschenbuch Verlag GmbH,
Reinbek bei Hamburg, September 1971

Gesamtherstellung Clausen & Bosse, Leck
Printed in Germany
480-ISBN 3 499 11438 0

Wenn du das Glück hattest, als junger Mensch in Paris zu leben, dann trägst du die Stadt für den Rest deines Lebens in dir, wohin du auch gehen magst, denn Paris ist ein Fest fürs Leben.

Ernest Hemingway
zu einem Freund, 1950

Vorwort

Aus Gründen, die dem Autor genügen, sind viele Orte, Menschen, Betrachtungen und Eindrücke in diesem Buch weggelassen. Manches war geheim, und manches war allgemein bekannt, und alle haben darüber geschrieben und werden fraglos noch mehr darüber schreiben.

Das Stade Anastasie ist nicht erwähnt, wo der Boxring im Garten war und wo die Boxer als Kellner an den Tischen servierten, die unter den Bäumen aufgestellt waren. Weder das Training mit Larry Gains noch die großartigen Zwanzig-Runden-Kämpfe im Cirque d'Hiver. Noch so gute Freunde wie Charlie Sweeny, Bill Bird und Mike Strater noch André Masson und Miró. Unsere Reisen in den Schwarzwald sind nicht erwähnt noch unsere Tagesausflüge, auf denen wir die von uns geliebten Wälder der Umgebung von Paris erforschten. Es wäre schön, wenn all das in diesem Buch enthalten wäre, aber einstweilen müssen wir uns hiermit begnügen.

Wenn es der Leser vorzieht, kann dieses Buch auch als ein Werk der Phantasie angesehen werden. Aber es besteht immer die Chance, daß solch ein Werk der Phantasie einiges Licht auf das wirft, was als Tatsache geschrieben worden ist.

Ernest Hemingway

San Francisco Paola, Kuba, 1960

Anmerkung

Ernest begann im Herbst 1957 auf Kuba mit der Niederschrift dieses Buches, arbeitete daran im Winter 1958/59 in Ketchum, Idaho, und nahm es mit, als wir im April 1959 nach Spanien fuhren. Er brachte es im Spätherbst nach Kuba zurück und dann nach Ketchum. Er beendete das Buch im Frühling 1960 in Kuba, nachdem er es 1959 beiseite gelegt hatte, um ein anderes Buch, *The Dangerous Summer* zu schreiben, das von der leidenschaftlichen Rivalität zwischen Antonio Ordóñez und Miguel Luis Dominguín in den spanischen Stierkampfarenen berichtet. Er überarbeitete das Buch im Herbst 1960 in Ketchum. Es behandelt die Jahre 1921 bis 1926 in Paris.

M. H.

Ein gutes Café auf der Place Saint-Michel

Dann war das schlechte Wetter da. Wenn der Herbst vorbei war, war es eines Tages plötzlich da. Nachts mußten wir die Fenster wegen des Regens schließen, und der kalte Wind blies die Blätter von den Bäumen der Place Contrescarpe. Die Blätter lagen durchweicht im Regen, und der Wind trieb den Regen gegen den großen grünen Autobus an der Endstation, und das *Café des Amateurs* war gedrängt voll, und von der Hitze und dem Rauch drinnen beschlugen die Fenster. Es war ein trauriges, schlechtgeführtes Café, in dem sich die Säufer des Viertels zusammenfanden, und ich hielt mich wegen des Geruchs von schmutzigen Körpern und dem säuerlichen Geruch von Betrunkenheit von ihm fern. Die Männer und Frauen, die im *Amateurs* ein und aus gingen, waren die ganze Zeit über betrunken oder die ganze Zeit über, die sie es sich leisten konnten, meist von Wein, den sie halbliter- oder literweise kauften. Viele seltsam benannte Apéritifs wurden angepriesen, aber wenige Leute konnten sie sich leisten, außer als Grundlage, um ihren Weinrausch zu unterbauen. Die betrunkenen Frauen nannte man *poivrottes*, was weibliche Schnapser bedeutet.

Das *Café des Amateurs* war die Kloake der Rue Mouffetard, jener wundervollen, engen, wimmelnden Marktstraße, die zur Place Contrescarpe führt. Die Hockklosetts der alten Mietshäuser, eines auf jedem Stockwerk neben der Treppe, mit den zwei durch Querleisten verstärkten, schuhförmigen Erhöhungen zu jeder Seite der Öffnung, damit die *locataire* nicht ausrutschen würde, entleerten sich in Kloaken, die nachts durch Pumpen in von Pferden gezogene Tankwagen entleert wurden. Zur Sommerzeit pflegten wir, wenn alle Fenster offenstanden, das Pumpen zu hören, und der Geruch war sehr stark. Die Tankwagen waren braun und safranfarben gestrichen, und wenn sie in der Rue Cardinal-Lemoine arbeiteten, sahen die von Pferden gezogenen, beräderten Zylinder im Mondlicht wie Bilder von Braque aus. Niemand jedoch entleerte das *Café des Amateurs*, und der vergilbte Anschlag, auf dem die Bestimmungen und gesetzlichen Strafen für Trunkenheit in der Öffentlichkeit verzeichnet waren, war genauso fliegenbesudelt und unbeachtet, wie die Kundschaft gleichbleibend und übelriechend war.

Die ganze Traurigkeit der Stadt war plötzlich mit dem ersten, kalten Winterregen da, und beim Gehen sah man nicht mehr die Dächer der hohen weißen Häuser, sondern nur die nasse Schwärze der Straße und die geschlossenen Türen der kleinen Läden der Kräuterverkäufer, der Papier- und Zeitungsläden, der Hebamme –

zweite Klasse – und das Hotel, in dem Verlaine gestorben war, wo ich im obersten Stockwerk ein Zimmer hatte, in dem ich arbeitete.

Es waren entweder sechs oder acht Treppen hinauf bis zum obersten Stockwerk, und es war sehr kalt, und ich wußte, wieviel ein kleines Bündel Reisig kosten würde, drei mit Draht umwickelte, kurze, halbbleistiftlange Stücke gespaltenen Kiefernholzes – die von dem Reisig Feuer fangen sollten – und dann noch das Bündel halbgetrockneter Längen von Hartholz, das ich kaufen mußte, um ein Feuer zu machen, das das Zimmer erwärmen würde. Also ging ich auf die andere Straßenseite, um im Regen zum Dach hinaufzublikken und zu sehen, ob irgendwelche Schornsteine im Gang waren und wohin der Rauch trieb. Man sah keinen Rauch, und ich überlegte, wie kalt der Schornstein sein würde und daß er vielleicht nicht zog und sich dann das Zimmer möglicherweise mit Rauch füllte und das Brennmaterial verschwendet war und damit das Geld, und ich ging weiter im Regen. Ich ging hinunter am Lycée Henri-Quatre vorbei und an der uralten Kirche Saint-Étienne-du-Mont und der windgepeitschten Place du Panthéon und bog schutzsuchend rechts ab und kam schließlich auf der vom Wind geschützten Seite des Boulevard Saint-Michel heraus und arbeitete mich weiter hinunter am Cluny vorbei und überquerte den Boulevard Saint-Germain, bis ich auf der Place Saint-Michel zu einem guten Café kam, das ich kannte.

Es war ein angenehmes Café, warm und sauber und freundlich, und ich hing meinen alten Regenmantel am Kleiderständer zum Trocknen auf und legte meinen abgetragenen und verwitterten Filzhut auf das Gestell über der Sitzbank und bestellte einen *café au lait.* Der Kellner brachte ihn, und ich nahm mein Notizbuch und einen Bleistift auf der Manteltasche und fing an zu schreiben. Ich schrieb etwas über *Oben in Michigan*, und da es ein wilder, kalter, stürmischer Tag war, war es ein eben solcher Tag in meiner Story. Ich hatte bereits als Junge, als Jüngling und als junger Mann das Ende des Herbstes kommen sehen, und an einem Ort konnte man besser darüber schreiben als an einem andern. Ich dachte, das nenne man ‹sich umpflanzen›, und es konnte für Menschen ebenso notwendig sein wie für andere wachsende Dinge. Nun tranken die Burschen in meiner Story, und das machte mich durstig, und ich bestellte mir einen Rum St. James. Der schmeckte wunderbar an dem kalten Tag, und ich schrieb weiter, fühlte mich sehr wohl und fühlte, wie der gute Rum aus Martinique mir Körper und Geist durchwärmte.

Ein Mädchen kam ins Café und setzte sich allein an einen Tisch dicht am Fenster. Sie war sehr hübsch, ihr Gesicht frisch wie eine neugeprägte Münze, falls man Münzen aus glattem Fleisch und vom

Regen erfrischter Haut prägte, und ihr Haar war schwarz wie ein Krähenflügel und knapp und schräg über der Wange gestutzt.

Ich blickte sie an, und sie beunruhigte mich und erregte mich sehr. Ich wünschte, ich hätte sie in der Story oder sonstwo unterbringen können, aber sie hatte sich so gesetzt, daß sie die Straße und den Eingang beobachten konnte, und ich wußte, daß sie auf jemanden wartete. Also schrieb ich weiter.

Die Geschichte schrieb sich selbst, und ich hatte große Mühe, mit ihr Schritt zu halten. Ich bestellte einen zweiten Rum St. James, und ich beobachtete das Mädchen, wann immer ich aufblickte oder wenn ich meinen Bleistift mit dem Bleistiftanspitzer anspitzte und sich die Späne auf der Untertasse meines Getränks ringelten.

Ich habe dich gesehen, du Schöne, und jetzt gehörst du mir, auf wen du auch wartest und wenn ich dich nie wiedersehe, dachte ich. Du gehörst mir und ganz Paris gehört mir, und ich gehöre diesem Notizbuch und diesem Bleistift.

Dann machte ich mich wieder ans Schreiben und vertiefte mich in die Story und verlor mich in ihr. Ich schrieb sie jetzt, sie schrieb sich nicht mehr selbst, und ich blickte nicht auf, noch wußte ich etwas von der Zeit, noch wußte ich, wo ich war, noch bestellte ich mir einen weiteren Rum St. James. Ohne daran zu denken, hatte ich den Rum St. James über. Dann war die Story fertig, und ich war sehr müde. Ich las den letzten Absatz, und dann blickte ich auf und sah mich nach dem Mädchen um, und sie war fortgegangen. Hoffentlich ist sie mit einem guten Mann fortgegangen, dachte ich. Aber ich war traurig.

Ich machte mein Notizbuch mit der Story darin zu und steckte es in meine Innentasche, und ich bestellte mir bei dem Kellner ein Dutzend *portugaises* und eine halbe Karaffe von dem herben Weißwein, den sie hier hatten. Wenn ich eine Geschichte geschrieben hatte, war ich immer leer und beides, traurig und glücklich, wie nach einer Liebesnacht, und ich war sicher, daß es eine sehr gute Geschichte war, obgleich ich nicht genau wußte wie gut, ehe ich sie am nächsten Tag durchgelesen hatte.

Während ich die Austern aß mit ihrem starken Meergeschmack und ihrem leicht metallischen Geschmack, den der kalte Weißwein wegspülte, so daß nur der Meergeschmack und ihre saftige Konsistenz blieben, und als ich die kalte Flüssigkeit aus jeder Muschel trank und sie mit dem frischen Geschmack des Weins hinunterspülte, verlor ich das leere Gefühl und fing an, glücklich zu sein und Pläne zu machen.

Jetzt, da das schlechte Wetter gekommen war, konnten wir eine Zeitlang Paris für einen Ort eintauschen, wo dieser Regen Schnee war, der durch die Tannen herunterkam und den Weg und die hohen Hügelhänge bedeckte, in einer Höhenlage, wo wir es knirschen hören würden, wenn wir abends nach Hause gingen. Unterhalb von Les Avants war ein Chalet, wo die Beköstigung wunderbar war und wo wir zusammen sein würden und unsere Bücher hatten und nachts zusammen im Bett waren bei offenen Fenstern und leuchtenden Sternen. Dort konnten wir hinfahren. Die Fahrt mit dem Zug dritter Klasse war nicht teuer. Die Pension kostete kaum mehr, als wir in Paris ausgaben.

Ich würde das Zimmer im Hotel, in dem ich arbeitete, aufgeben, und dann war nur die Miete für die Rue Cardinal-Lemoine 74 zu bezahlen, die geringfügig war. Ich hatte für eine Zeitung in Toronto allerhand geschrieben, und die Schecks dafür waren fällig. So etwas konnte ich überall unter allen Umständen schreiben, und wir hatten das Geld, um die Reise zu machen.

Vielleicht konnte ich fern von Paris über Paris schreiben, so wie ich in Paris über Michigan schreiben konnte. Ich wußte nicht, daß es hierfür zu früh war, weil ich Paris noch nicht gut genug kannte. Aber so wirkte es sich schließlich aus. Auf jeden Fall würden wir fahren, wenn meine Frau es wollte, und ich machte mit den Austern und dem Wein Schluß, bezahlte meine Zeche im Café und ging auf dem kürzesten Weg durch den Regen, der jetzt nur eben ortsübliches Wetter war und nicht etwas, was das Leben veränderte, über die Montagne Sainte-Geneviève zurück in die Wohnung oben auf dem Gipfel des Hügels.

«Das denk ich mir wunderbar, Tatie», sagte meine Frau. Sie hatte ein sanft geformtes Gesicht, und ihre Augen und ihr Lächeln strahlten bei solchen Entschlüssen, als ob es kostbare Geschenke wären. «Wann wollen wir aufbrechen?»

«Wann du möchtest.»

«Ach, ich möchte gleich, sofort. Hast du das nicht gewußt?»

«Vielleicht wird es schön und klar sein, wenn wir zurückkommen. Es kann hier sehr schön sein, wenn es kalt und klar ist.»

«Sicher wird es das sein», sagte sie. «Aber wie lieb von dir, daß du auch ans Wegfahren gedacht hast.»

Miss Stein belehrt

Als wir nach Paris zurückkamen, war es klar und kalt und schön. Die Stadt hatte sich auf den Winter eingestellt; gegenüber in der Holz- und Kohlenhandlung in unserer Straße war gutes Holz zum

Verkauf, und vor vielen der guten Cafés gab es draußen Kohlenbekken, so daß man auf den Terrassen warm bleiben konnte. Unsere eigene Wohnung war warm und gemütlich. Wir brannten auf dem Holzfeuer *boulets*, das waren eierförmig gepreßte Klumpen aus Kohlenstaub, und das winterliche Licht auf den Straßen war wunderschön. Jetzt hatte man sich daran gewöhnt, die kahlen Bäume gegen den Himmel zu sehen, und man ging in dem reinen, scharfen Wind auf den frisch gewaschenen Kieswegen durch den Jardin du Luxembourg. Wenn man sich damit abgefunden hatte, sahen die Bäume ohne ihre Blätter wie Skulpturen aus, und die Winterwinde bliesen über die Oberflächen der Teiche, und die Fontänen stäubten in dem hellen Licht. Seit wir in den Bergen gewesen waren, gab es nur kleine Entfernungen für uns.

Wegen des Höhenunterschiedes bemerkte ich die Steigung der Hügel nicht, außer mit Vergnügen, und auch das Hinaufklettern zum obersten Stockwerk des Hotels war ein Vergnügen, wo ich in einem Zimmer arbeitete, von dem man über alle Dächer und Schornsteine des hohen Hügels unseres Viertels blicken konnte. Der Kamin in dem Zimmer zog gut, und es war warm und angenehm zum Arbeiten. Ich brachte in Papier eingepackte Mandarinen und geröstete Kastanien hinauf in das Zimmer, und wenn ich hungrig war, aß ich die gerösteten Kastanien und schälte und aß die kleinen mandarinenartigen Orangen und warf die Schalen ins Feuer und spuckte die Kerne ins Feuer. Ich war immer hungrig vom Gehen und von der Kälte und vom Arbeiten. Oben im Zimmer hatte ich eine Flasche Kirschwasser, die wir aus den Bergen mitgebracht hatten, und ich trank immer einen Schluck Kirsch, wenn es dem Ende einer Story oder dem Ende meiner Tagesarbeit zuging. Wenn ich die Arbeit des Tages hinter mir hatte, legte ich das Notizbuch oder das Papier weg in die Tischschublade und steckte die noch übriggebliebenen Mandarinen in die Tasche. Sie gefroren, wenn man sie über Nacht im Zimmer ließ.

Es war wunderbar, die vielen, vielen Treppen hinunterzugehen mit dem Bewußtsein, daß ich bei der Arbeit Glück gehabt hatte. Ich arbeitete immer, bis ich etwas geschafft hatte, und ich hörte immer auf, wenn ich wußte, wie es danach weitergehen würde. Auf die Art war ich sicher, am nächsten Tag weitermachen zu können. Aber manchmal, wenn ich mit einer neuen Story begann und ich sie nicht in Gang bringen konnte, setzte ich mich vors Feuer und preßte die Schalen der kleinen Orangen über den Flammenspitzen aus und beobachtete das blaue Sprühen, das sie machten, oder ich stand da und blickte über die Dächer von Paris und dachte: Mach dir keine Sorgen. Bisher hast du immer geschrieben, und jetzt wirst du auch schreiben können. Alles, was du tun mußt, ist, einen wahren Satz schreiben. Schreib den wahrsten Satz, den du weißt. So schrieb ich schließlich einen wahren Satz hin, und von da aus machte ich weiter. Damals war das leicht, denn es gab immer einen wahren Satz, den ich wußte oder den ich gelesen hatte oder den ich jemand hatte sagen hören. Wenn ich anfing, sorgsam ausgearbeitete Sätze zu schreiben oder zu schreiben wie jemand, der etwas einleiten will oder darstellen möchte, fand ich, daß ich die Schnörkel oder Verzierungen wegschneiden und fortwerfen konnte und mit dem ersten, wahren einfachen Aussagesatz, den ich geschrieben hatte, anfangen konnte. Oben in jenem Zimmer beschloß ich, über jede Sache, über die ich Bescheid wußte, eine Story zu schreiben. Das versuchte ich beim Schreiben die ganze Zeit über, und es war eine gute und strenge Disziplin.

In diesem Zimmer war es auch, wo ich lernte, von dem Augenblick an, in dem ich mit Schreiben aufhörte, an nichts, worüber ich schrieb, zu denken, bis ich am nächsten Tag wieder anfing. Ich hoffte, daß mein Unterbewußtsein daran arbeiten und ich gleichzeitig anderen Leuten zuhören und alles beobachten würde; ich hoffte auf diese Weise zu lernen, und ich pflegte zu lesen, um nicht an meine Arbeit zu denken und mich für sie unfähig zu machen. Wenn ich gut gearbeitet hatte – und dazu brauchte man Glück sowohl wie Disziplin –, war es ein wunderbares Gefühl: die Treppe hinunterzugehen, und dann war ich frei und konnte irgendwo in Paris umherwandern.

Wenn ich nachmittags durch verschiedene Straßen zum Jardin du Luxembourg hinunterwanderte, konnte ich durch den Park schlendern und dann ins Musée du Luxembourg gehen, wo die großartigen Bilder waren, von denen jetzt die meisten in den Louvre und ins Jeu de Paume gebracht worden sind.

Ich ging fast jeden Tag wegen der Cézannes dorthin und um die Manets und die Monets und die anderen Impressionisten zu sehen, über die ich zuerst in Chicago im Art Institute etwas gehört hatte. Von der Malerei von Cézanne lernte ich, daß das Schreiben einfacher, wahrer Sätze bei weitem nicht genügte, um den Stories die Dimensionen zu geben, die ich ihnen zu geben suchte. Ich lernte sehr viel von ihm, aber ich war nicht sprachgewandt genug, um es jemandem zu erklären. Außerdem war es ein Geheimnis. Aber wenn das Licht im Luxembourg schwand, pflegte ich durch den Park hinaufzugehen und in der Atelierwohnung Rue Fleurus 27, in der Gertrude Stein wohnte, vorzusprechen.

Meine Frau und ich hatten bei Miss Stein Besuch gemacht, und sie und die Freundin, die bei ihr lebte, waren sehr freundschaftlich und herzlich gewesen, und wir fanden das große Studio mit den wunderbaren Bildern herrlich. Es war wie einer der besten Säle in dem schönsten Museum, und abgesehen davon gab es hier einen großen Kamin, und es war warm und gemütlich; und sie gaben einem gute Dinge zu essen und zu trinken, Tee und destillierte Naturschnäpse, die aus blauen Pflaumen, gelben Pflaumen oder wilden Himbeeren gemacht waren. Dies war duftender farbloser Alkohol, der aus Kristallkaraffen in kleine Gläser eingeschenkt wurde, und ob es *quetsche, mirabelle* oder *framboise* war, alle schmeckten sie wie die Früchte, aus denen sie hergestellt waren, und verwandelten sich auf der Zunge in ein gezügeltes Feuer, das einen wärmte und sie löste.

Miss Stein war sehr dick und nicht groß und war schwer gebaut wie eine Bauernfrau. Sie hatte wunderschöne Augen und ein grobes deutsch-jüdisches Gesicht, das auch friaulisch hätte sein können, und sie erinnerte mich an eine norditalienische Bauernfrau mit ihren Kleidern, ihrem ausdrucksvollen Gesicht und dem schönen, dichten, lebendigen Haar einer Einwanderin, das sie in derselben Art aufgesteckt trug. wie sie es wahrscheinlich im College getragen hatte. Sie redete die ganze Zeit, und zuerst sprach sie über Menschen und Orte.

Ihre Freundin hatte eine sehr angenehme Stimme, war klein, sehr dunkel, trug die Haare so geschnitten wie die Jungfrau von Orléans auf den Illustrationen von Boutet de Monvel und hatte eine stark gebogene Nase. Sie arbeitete an einem Stück *petit point*, als wir sie kennenlernten, und sie arbeitete daran und sorgte für Essen und Trinken und unterhielt sich mit meiner Frau. Sie führte ein Gespräch und hörte zweien zu, und unterbrach häufig das, welches sie nicht führte. Später erklärte sie mir, daß sie sich immer mit den Ehefrauen unterhielte. Ehefrauen, fanden meine Frau und ich, wurden nur geduldet, aber wir mochten Miss Stein und ihre Freundin, obschon die Freundin zum Fürchten war. Die Bilder und der Kuchen und das *eau de vie* waren wirklich wunderbar. Wir schienen ihnen auch zu gefallen, und sie behandelten uns, als ob wir gute, schön manierliche und vielversprechende Kinder seien, und ich hatte das Gefühl, daß sie uns verziehen, daß wir verliebt und verheiratet waren – das würde sich mit der Zeit geben –, und als meine Frau sie zum Tee einlud, nahmen sie an.

Als sie zu uns in die Wohnung kamen, schien es, als ob sie uns noch lieber mochten, aber vielleicht war das nur, weil die Wohnung so klein war und wir uns viel näher waren. Miss Stein saß auf unserem Bett dicht überm Fußboden und ließ sich von mir die Stories, die ich geschrieben hatte, zeigen, und sie sagte, sie gefielen ihr bis auf eine, die *Oben in Michigan* hieß.

«Sie ist gut», sagte sie. «Das ist überhaupt keine Frage. Aber sie ist *inaccrochable*. Das heißt, sie ist wie ein Bild, das ein Maler malt, das er aber dann nicht aufhängen kann, wenn er eine Ausstellung hat, und niemand wird es kaufen, weil keiner es aufhängen kann.»

«Aber wenn es nun eben gar nicht schmutzig ist, sondern einfach so ist, weil man versucht, Worte zu benutzen, die Leute wirklich benutzen? Wenn das die einzigen Worte sind, die der Geschichte Wirklichkeit verleihen, und man sie deshalb anwenden muß? Dann muß man sie doch anwenden.»

«Aber darum geht es ja gar nicht», sagte sie. «Sie dürfen halt nichts schreiben, was *inaccrochable* ist. Das hat keinen Zweck. Es ist falsch, und es ist dumm.»

Sie selbst wollte im *Atlantic Monthly* veröffentlicht werden, erzählte sie mir, und das würde sie auch. Sie sagte mir, daß ich als Schriftsteller nicht gut genug sei, um dort oder in der *Saturday Evening Post* veröffentlicht zu werden, aber daß ich vielleicht irgendeine neue Art von Schriftsteller auf eigene Faust sei, aber das erste, woran man zu denken habe, sei, keine Stories zu schreiben, die *inaccrochable* waren. Ich diskutierte nicht darüber und versuchte auch nicht, ihr noch einmal zu erklären, wie ich es mit meinen Dialogen halten wollte. Das war meine persönliche Sache, und es war viel interessanter, zuzuhören. An jenem Nachmittag erzählte sie uns auch, wie man Bilder kauft.

«Sie können entweder Kleider oder Bilder kaufen», sagte sie. «So einfach ist es. Niemand, der nicht sehr reich ist, kann beides tun. Schenken Sie Ihrer Kleidung keine Aufmerksamkeit und der Mode überhaupt keine Aufmerksamkeit, und kaufen Sie Ihre Kleidung unter dem Gesichtspunkt der Bequemlichkeit und Haltbarkeit, und dann haben Sie das Kleidergeld, um Bilder zu kaufen.»

«Aber selbst wenn ich nie wieder etwas zum Anziehen kaufen würde», sagte ich, «hätte ich nicht genug Geld, die Picassos zu kaufen, die ich haben möchte.»

«Nein. Der kommt für Sie nicht in Betracht. Sie müssen Leute Ihres Alters, Ihres eigenen Rekrutenjahrgangs kaufen. Sie werden sie kennenlernen. Sie werden sie in Ihrem Viertel treffen. Es gibt immer gute, neue, ernsthafte Maler. Aber es handelt sich gar nicht darum, daß Sie sich soviel zum Anziehen kaufen. Es ist immer Ihre Frau. Damengarderobe, die ist teuer.»

Ich sah, wie sich meine Frau bemühte, nicht auf die seltsame Zwischendeckkleidung, die Miss Stein trug, zu blicken, und es gelang ihr. Als sie weggingen, waren wir, glaube ich, noch beliebt, und wir wurden aufgefordert, wieder in die Rue Fleurus 27 zu kommen.

Es war später einmal, daß ich aufgefordert wurde, im Winter jederzeit nach fünf Uhr ins Studio zu kommen. Ich hatte Miss Stein im Luxembourg getroffen. Ich kann mich weder erinnern, ob sie ihren Hund spazierenführte oder nicht, noch ob sie damals einen Hund hatte. Ich weiß, daß ich mich selbst spazierenführte, da wir uns damals keinen Hund, ja noch nicht einmal eine Katze leisten konnten, und die einzigen Katzen, die ich kannte, waren die in den Cafés und kleinen Restaurants oder die riesigen Katzen, die ich in den Fenstern der Portiersfrauen bewunderte. Später traf ich Miss Stein oft mit ihrem Hund im Jardin du Luxembourg, aber ich glaube, diesmal war es, ehe sie einen hatte.

Aber ich folgte ihrer Einladung. Hund oder kein Hund, und gewöhnte mich daran, im Studio vorzusprechen, und sie gab mir immer echtes *eau de vie*, bestand darauf, daß ich mein Glas wieder füllte, und ich sah mir die Bilder an, und wir unterhielten uns. Die Bilder waren anregend, und die Unterhaltung war sehr gut. Meistens sprach sie, und sie erzählte mir von modernen Bildern und von Malern – mehr über sie als Menschen denn als Maler –, und sie sprach über ihre Arbeit. Sie zeigte mir die vielen Bände Manuskript, die sie geschrieben hatte und die ihre Freundin Tag für Tag abtippte. Das tägliche Schreiben machte sie glücklich, aber als ich sie näher kennenlernte, merkte ich, daß, wenn sie glücklich bleiben sollte, diese stete tägliche Produktion, die mit ihrer Energie variierte, veröffentlicht werden mußte und sie selbst Anerkennung fand.

Dies war damals, als ich sie kennenlernte, noch nicht zu einer akuten Situation geworden, da sie drei Geschichten veröffentlicht hatte, die für jeden verständlich waren. Eine dieser Geschichten, *Melanctha*, war sehr gut, und gute Proben ihrer experimentellen Schriftstellerei waren in Buchform erschienen und waren von Kritikern, die sie getroffen hatten oder kannten, sehr gelobt worden. Sie war eine solche Persönlichkeit, daß ihr niemand widerstehen konnte, den sie für sich gewinnen wollte, und Kritiker, die sie kennenlernten und ihre Bilder sahen, nahmen Arbeiten von ihr, die sie nicht verstanden, auf Treu und Glauben hin, aus Begeisterung für sie als Mensch und im Vertrauen auf ihre Urteilsfähigkeit. Sie hatte auch viel Richtiges über Rhythmen und die Anwendung sich wiederholender Worte entdeckt, das wohlbegründet und wertvoll war, und über das sie interessant sprach.

Aber sie haßte die Plackerei des Überarbeitens und die Verpflichtung, das, was sie schrieb, allgemein verständlich zu machen, obwohl ihr an der Veröffentlichung und offiziellen Anerkennung äußerst viel lag, besonders für ihr unglaublich langes Buch mit dem Titel *The Making of Americans*.

Dieses Buch begann ganz prachtvoll, ging eine Zeitlang sehr gut weiter mit langen Strecken großer Brillanz, und dann ging es endlos in Wiederholungen weiter, die ein verantwortungsvollerer und weniger fauler Schriftsteller in den Papierkorb geworfen hätte. Schließlich kannte ich es sehr genau, weil ich Ford Madox Ford dazu bekam – zwang wäre wohl das Wort dafür –, es in der *Transatlantic Revue* in Fortsetzungen zu veröffentlichen, obschon ich wußte, daß die Lebensdauer der Zeitschrift dazu nicht ausreichen würde. Für die Veröffentlichung in der Zeitschrift mußte ich Miss Steins gesamte Korrekturbogen für sie lesen, da dies eine Arbeit war, die ihr keine Freude machte.

An diesem kalten Nachmittag, als ich an der Portierloge vorbei und durch den kalten Hof in die Wärme des Studios gekommen war, lag das alles noch in weiter Ferne. An diesem Tag belehrte mich Miss Stein über Sex. Mittlerweile mochten wir einander sehr gern, und ich hatte bereits gelernt, daß alles, was ich nicht verstand, wahrscheinlich irgend etwas damit zu tun hatte. Miss Stein fand mich, was Sex anlangte, sehr unerfahren, und ich muß gestehen, daß ich gegen Homosexualität gewisse Vorurteile hatte, da ich ihre primitiveren Seiten kannte. Ich wußte, daß man deswegen, wenn man ein Junge war, ein Messer bei sich trug und es benutzen würde, wenn man sich in der Gesellschaft von Landstreichern befand, damals, als ‹Wolf› kein Slangausdruck für Männer war, die versessen hinter Frauen her waren. Ich kannte viele *inaccrochable* Ausdrücke und Redewendungen aus meiner Zeit in Kansas City und Sitten und Gebräuche in den verschiedensten Teilen dieser Stadt, in Chicago und auf den Schiffen der Großen Seen. Auf Befragen versuchte ich Miss Stein zu erklären, daß, wenn man ein Junge war und sich in der Gesellschaft von Männern bewegte, man bereit sein mußte, einen Mann zu töten, wissen mußte, wie man es machte, und wirklich wissen mußte, daß man töten würde, damit keiner einem etwas antat. Dieser Ausdruck war *inaccrochable*. Wenn man wußte, daß man töten würde, spürten es die anderen sehr schnell, und man wurde nicht belästigt, aber es gab gewisse Situationen, in die man sich weder hineinzwingen noch hineinlocken lassen durfte. Ich hätte mich viel anschaulicher ausdrücken können, wenn ich eine *inaccrochable* Wendung benutzt hätte, die die ‹Wölfe› auf den Schiffen der Großen Seen benutzten: «Solang das Schiff durch's Weltmeer segelt, wird eisern in den – Abendstunden gekegelt.» Aber ich war Miss Stein gegenüber vorsichtig mit meinen Ausdrücken, selbst wenn zutreffende Redewendungen ein Vorurteil erklärt oder besser ausgedrückt hätten.

«Ja, ja, Hemingway», sagte sie. «Aber Sie lebten in einem Milieu von Verbrechern und Perversen.»

Das wollte ich nicht erörtern, obgleich ich dachte, daß ich in einer Welt gelebt hatte, so wie sie eben war und in der es alle Sorten von Menschen gab, und ich bemühte mich, sie zu verstehen, obgleich ich manche von ihnen nicht gern haben konnte und ich manche jetzt noch haßte.

Dann fragte ich: «Aber wie steht's mit dem alten Mann mit den wunderbaren Manieren und dem großen Namen, der in Italien ins Lazarett kam und mir eine Flasche Marsala oder Campari mitbrachte und sich tadellos benahm, und dann eines Tages mußte ich der Schwester sagen, daß sie diesen Mann nie wieder in mein Zimmer reinlassen dürfe.»

«Solche Leute sind krank und können nichts dafür, und Sie sollten sie bemitleiden.»

«Sollte ich Soundso bemitleiden?» fragte ich. Ich nannte seinen Namen, aber es beglückt ihn derart, ihn selbst zu nennen, daß ich es unnötig fand, es für ihn zu tun.

«Nein. Der ist lasterhaft. Der ist ein Verderber, und er ist wirklich lasterhaft.»

«Aber er soll ein guter Schriftsteller sein.»

«Das ist er nicht», sagte sie. «Er ist bloß ein Wichtigtuer, und er korrumpiert aus Vergnügen an der Korruption, und er bringt Leute auch auf andere lasterhafte Praktiken. Zum Beispiel Rauschgifte.»

«Und der Mann in Mailand, den ich bemitleiden soll, hat nicht versucht, mich zu korrumpieren?»

«Seien Sie nicht so dumm. Wie konnte er hoffen, Sie zu korrumpieren? Korrumpiert man einen jungen Mann, der wie Sie Alkohol trinkt, mit einer Flasche Marsala? Nein, das war ein bemitleidenswerter alter Mann, der nichts für das konnte, was er tat. Er war krank, und er konnte nichts dafür. Sie sollten ihn bemitleiden.»

«Das tat ich damals auch», sagte ich. «Aber ich war enttäuscht, weil er so wunderbare Manieren hatte.»

Ich trank noch einen Schluck *eau de vie* und bemitleidete den alten Mann und blickte auf Picassos Akt von dem Mädchen mit dem Blumenkorb. Ich hatte diese Unterhaltung nicht begonnen und fand, daß sie ein bißchen gefährlich geworden war. Es gab beinahe nie Pausen in einer Unterhaltung mit Miss Stein, aber jetzt schwiegen wir, und da war etwas, was sie mir sagen wollte, und ich füllte mein Glas.

«Sie wissen eigentlich von alldem gar nichts, Hemingway», sagte sie. «Sie haben berüchtigte Verbrecher und kranke Leute und lasterhafte Leute kennengelernt. Das Wesentliche ist, daß der Geschlechtsakt, den männliche Homosexuelle begehen, häßlich und abstoßend ist, und danach ekeln sie sich vor sich selbst. Sie trinken und nehmen Rauschgifte, um darüber hinwegzukommen, aber sie ekeln sich vor dem Akt, wechseln immerfort ihre Partner und können nicht wirklich glücklich sein.»

«Ach so!»

«Bei Frauen ist es das Gegenteil. Sie tun nichts, was sie anekelt, und nichts, was abstoßend ist, und danach sind sie glücklich und können ein glückliches Leben zusammen führen.»

«Ach so», sagte ich. «Aber was ist mit der Soundso?»

«Die ist lasterhaft», sagte Miss Stein. «Die ist richtig lasterhaft; deshalb kann sie nie glücklich sein außer mit immer neuen Leuten. Sie korrumpiert die Leute.»

«Ich verstehe.»

«Verstehen Sie es auch wirklich?»

In jenen Tagen gab es so viele Dinge zu verstehen, und ich war froh, als wir von etwas anderem sprachen. Der Park war geschlossen, so mußte ich an ihm entlang, hinunter bis zur Rue de Vaugirard und um das untere Ende des Parks gehen. Es war traurig, wenn der Park geschlossen und zugesperrt war, und ich war traurig, wenn ich um ihn herum- und nicht hindurchgehen konnte und ich es eilig hatte, nach Hause in die Rue Cardinal-Lemoine zu kommen. Der Tag hatte dazu so heiter begonnen. Morgen würde ich schwer arbeiten müssen. Arbeit könne beinahe alles heilen, glaubte ich damals, und ich glaube es noch heute. Damals war das einzige, wovon ich nach Miss Steins Meinung geheilt werden mußte, meine Jugend und die Liebe zu meiner Frau. Ich war überhaupt nicht traurig, als ich nach Hause in die Rue Cardinal-Lemoine kam und meiner Frau mein neu erworbenes Wissen mitteilte. Nachts waren wir glücklich mit dem Wissen, das wir selber bereits hatten, und anderem neuem Wissen, das wir in den Bergen erworben hatten.

«Une Génération Perdue»

Es wurde leicht zur Gewohnheit, der Wärme, der großartigen Bilder und der Unterhaltung wegen am Spätnachmittag in der Rue Fleurus 27 vorzusprechen. Oft hatte Miss Stein keine Gäste, und sie war immer sehr freundschaftlich, und lange Zeit über war sie liebevoll. Wenn ich von meinen Reisen zu den verschiedensten politischen Konferenzen oder aus Kleinasien oder Deutschland zurückgekommen war – die ich für die kanadische Zeitung und die Presseagenturen, für die ich arbeitete, machte –, wollte sie, daß ich ihr alle amüsanten Einzelheiten erzählte. Es gab immer komische Dinge, und die mochte sie und auch das, was die Deutschen Galgenhumor nennen. Sie wollte den vergnüglichen Teil von dem, was in der Welt vorging, erfahren; nie die Wirklichkeit, nie das Schlechte.

Ich war jung und nicht schwermütig, und selbst in der schlimmsten Zeit geschahen seltsame und komische Dinge, und die mochte Miss Stein hören. Über die anderen Dinge sprach ich nicht und schrieb sie für mich nieder.

Wenn ich nach meiner Arbeit in der Rue Fleurus vorsprach, und nicht gerade von einer Reise zurückgekommen war, versuchte ich manchmal Miss Stein dazu zu bringen, über Bücher zu sprechen. Wenn ich schrieb, war Lesen, wenn ich mit Schreiben aufgehört hatte, eine Notwendigkeit für mich. Wenn man weiter daran dachte, ging einem das, worüber man schrieb, verloren, ehe man am nächsten Tag weitermachen konnte. Es war auch notwendig, sich Bewegung zu machen, um körperlich müde zu sein, und es war sehr gut, mit der, die man liebte, ins Bett zu gehen. Das war besser als alles andere. Aber danach, wenn man leer war, war Lesen eine Notwendigkeit, damit man nicht über seine Arbeit nachdachte und sich sorgte, ehe man am nächsten Tag wieder damit beginnen konnte. Ich hatte bereits gelernt, nie den Brunnen meines Schreibens zu leeren, sondern immer aufzuhören, wenn in dem tiefen Teil des Brunnens noch etwas darin war und ihn sich nachts von den Quellen, die ihn speisten, auffüllen zu lassen.

Um meine Gedanken vom Schreiben abzuhalten, las ich manchmal, nachdem ich gearbeitet hatte, zeitgenössische Autoren, wie etwa Aldous Huxley oder D. H. Lawrence oder sonst einen, von dem Bücher erschienen waren, die ich in Sylvia Beachs Bücherstube bekommen oder an den Quais finden konnte.

«Huxley ist ein toter Mann», sagte Miss Stein. «Warum wollen Sie einen toten Mann lesen? Können Sie denn nicht sehen, daß er tot ist?»

Damals konnte ich nicht sehen, daß er ein toter Mann war, und ich sagte, daß mich seine Bücher amüsierten und vom Denken abhielten.

«Sie sollten nur lesen, was wahrhaft gut ist oder was eindeutig schlecht ist.»

«Ich habe diesen ganzen Winter und den ganzen letzten Winter wahrhaft gute Bücher gelesen, und nächsten Winter werde ich es wieder tun, und aus eindeutig schlechten Büchern mache ich mir nichts.»

«Wozu diesen Schund lesen? Es ist aufgeblähter Schund, Hemingway. Von einem toten Mann.»

«Ich möchte gern sehen, was die anderen schreiben», sagte ich; «und es hält mich davon ab, selbst zu schreiben.»

«Wen lesen Sie sonst noch?»

«D. H. Lawrence», sagte ich. «Er hat einige sehr gute Kurzgeschichten geschrieben, eine heißt *Der preußische Offizier.*»

«Ich habe versucht, seine Romane zu lesen. Er ist unmöglich. Er ist bemitleidenswert und absurd. Er schreibt wie ein Kranker.»

«Mir gefielen *Söhne und Liebhaber* und *Der weiße Pfau*», sagte ich. «Vielleicht das nicht so sehr. *Liebende Frauen* konnte ich nicht lesen.»

«Wenn Sie nichts Schlechtes lesen wollen, und etwas lesen wollen, das Ihr Interesse wachhalten wird und in seiner Art fabelhaft ist, sollten Sie Marie Belloc Lowndes lesen.»

Ich hatte nie von ihr gehört, und Miss Stein lieh mir *The Lodger*, jene fabelhafte Geschichte von Jack the Ripper, und noch ein Buch über eine Mordtat in einem Ort außerhalb von Paris, der nur Enghien-les-Bains sein konnte. Beides waren großartige Bücher für die Zeit nach der Arbeit, die Charaktere glaubhaft und die Handlung und der Terror nie unecht. Sie waren ideal als Lektüre, nachdem man gearbeitet hatte, und ich las alles von Mrs. Belloc Lowndes, was es gab. Aber es gab nur gerade so viele und nicht mehr, und keines war so gut wie die beiden ersten; und ich fand für diese leere Tages- oder Nachtzeit niemals etwas Gleichgutes, bis die ersten wunderbaren Bücher von Simenon herauskamen.

Ich glaube, Miss Stein hätten die guten Simenons gefallen – das erste, was ich las, war entweder *L'Ecluse Numéro I* oder *La Maison du Canal* –, aber ich bin nicht sicher, da Miss Stein, während ich sie kannte, nicht gern Französisch las, obwohl sie es sehr gern sprach. Janet Flanner gab mir die ersten beiden Simenons, die ich je gelesen habe. Sie las sehr gern Französisch, und sie hatte Simenon gelesen, als er Kriminalreporter war.

Ich kann mich nicht daran erinnern, daß Miss Stein während der drei oder vier Jahre, in denen wir gute Freunde waren, jemals gut über irgendeinen Schriftsteller gesprochen hätte, der nicht günstig über ihre Arbeit geschrieben oder etwas getan hatte, um ihre Karriere zu fördern, mit der Ausnahme von Ronald Firbank und später Scott Fitzgerald. Als ich sie kennenlernte, sprach sie von Sherwood Anderson nicht als Schriftsteller, sondern sprach begeistert von ihm als Mann und von seinen großen, schönen, warmen italienischen Augen und von seiner Güte und seinem Charme. Ich machte mir nichts aus seinen großen, schönen, warmen italienischen Augen, aber mir gefielen einige seiner Kurzgeschichten sehr gut. Sie waren einfach geschrieben und manchmal wunderschön geschrieben, und er kannte die Menschen, über die er schrieb, und sie gingen ihn zutiefst an. Miss Stein wollte nicht über seine Geschichten sprechen, sondern immer über ihn als Mensch.

«Was halten Sie von seinen Romanen?» fragte ich sie. Sie wollte über Andersons Werke ebensowenig sprechen, wie sie über Joyce sprechen wollte.

Wenn man zweimal die Rede auf Joyce brachte, wurde man nicht wieder eingeladen. Es war, als ob man einem General gegenüber einen anderen General lobend erwähnte. Beim erstenmal, wenn man den Fehler machte, lernte man, es nicht wieder zu tun. Man konnte jedoch immer einen General erwähnen, den der General, mit dem man sprach, besiegt hatte. Der General, mit dem man sprach, würde den besiegten General aufs äußerste loben und sich erfreut mit allen Einzelheiten darüber auslassen, wie er ihn besiegt hatte.

Andersons Geschichten waren zu gut, um ein erfreuliches Gesprächsthema abzugeben. Ich war bereit. Miss Stein zu erzählen, wie seltsam dürftig seine Romane waren, aber auch das wäre falsch gewesen, weil man damit einen ihrer loyalen Anhänger kritisiert hätte. Als er schließlich einen Roman, der *Dunkles Lachen* hieß, schrieb, der so entsetzlich schlecht und albern und gekünstelt war, daß ich nicht anders konnte, als ihn in einer Parodie zu kritisieren*, war Miss Stein sehr böse auf mich. Ich hatte jemanden angegriffen, der zu ihrem Hofstaat gehörte. Aber lange Zeit vordem war sie nicht böse auf mich gewesen. Sie selbst fing an, Sherwood überschwenglich zu loben, nachdem er als Schriftsteller in die Brüche gegangen war.

Sie war böse auf Ezra Pound, weil er sich zu schnell auf einen kleinen, zerbrechlichen und zweifellos unbequemen Stuhl gesetzt hatte, den man ihm sogar vielleicht absichtlich gegeben hatte, und den er entweder beschädigt oder zerbrochen hatte. Daß er ein großer Dichter und ein vornehmer und großzügiger Mensch war, und sich auf einen normalgroßen Stuhl wahrscheinlich glatt hingesetzt hätte, wurde nicht in Betracht gezogen. Jahre später erfand sie geschickt und boshaft formulierte Gründe für ihre Abneigung gegen Ezra.

Als wir aus Kanada zurückgekommen waren und in der Rue Notre-Dame-des-Champs wohnten und Miss Stein und ich noch gute Freunde waren, machte Miss Stein die Bemerkung über die verlorene Generation. Sie hatte mit dem alten Ford T-Modell, das sie damals fuhr, Ärger mit der Zündung, und der junge Mann, der in der Garage arbeitete und im letzten Kriegsjahr beim Militär gewesen

* *Die Sturmfluten des Frühlings*

war, hatte keine Erfahrung oder hatte die Priorität der anderen Fahrzeuge nicht durchbrochen, um Miss Steins Ford zu reparieren. Auf jeden Fall war er nicht *sérieux* gewesen und war auf die Beschwerde von Miss Stein hin von dem *patron* der Garage ernsthaft zurechtgewiesen worden. Der *patron* hatte zu ihm gesagt: «Ihr seid alle eine *génération perdue.*»

«Das ist es, was ihr seid. Das ist es, was ihr alle seid», sagte Miss Stein. «All ihr jungen Leute, die ihr im Krieg wart. Ihr seid eine verlorene Generation.»

«Wirklich?» sagte ich.

«Ihr seid es.» Sie bestand darauf. «Ihr habt vor nichts Respekt. Ihr trinkt euch zu Tode . . .»

«War der junge Autoschlosser betrunken?» fragte ich.

«Natürlich nicht.»

«Haben Sie mich je betrunken gesehen?»

«Nein. Aber Ihre Freunde sind betrunken.»

«Ich war auch schon betrunken», sagte ich. «Aber ich komme nicht betrunken hierher.»

«Natürlich nicht. Das habe ich auch nicht gesagt.»

«Wahrscheinlich war der *patron* von dem jungen Mann schon um elf Uhr früh betrunken», sagte ich. «Deswegen hat er so wunderbare Phrasen gebraucht.»

«Streiten Sie nicht mit mir, Hemingway», sagte Miss Stein. «Das führt zu nichts. Ihr seid alle eine verlorene Generation – genau wie der Garagenbesitzer gesagt hat.»

Später, als ich meinen ersten Roman schrieb, versuchte ich, Miss Steins Zitat von dem Garagenbesitzer durch eines aus dem Prediger Salomon auszubalancieren. Aber an jenem Abend auf dem Heimweg dachte ich an den jungen Mann in der Garage und ob er wohl jemals in einem dieser Vehikel, als sie zu Krankenwagen umgebaut waren, abtransportiert worden war. Ich erinnere mich, wie ihnen die Bremsen ausschmorten, wenn sie die Bergstraßen mit einer vollen Ladung Verwundeter hinunterfuhren, mit einem niedrigeren Gang bremsten und schließlich den Rückwärtsgang einlegten, und wie die letzten leer über die Bergkante gefahren wurden, so daß sie durch große Fiats mit einer guten Kulissenschaltung und Scheibenbremsen ersetzt werden konnten. Ich dachte an Miss Stein und Sherwood Anderson und Geltungsbedürfnis und geistige Trägheit versus Disziplin, und ich dachte, wer nennt wen eine verlorene Generation? Dann, während ich mich der *Closerie des Lilas* näherte, mit dem Licht auf meinem alten Freund, der Statue des Marschalls Ney mit seinem gezogenen Säbel und dem Schatten der Bäume auf der Bronze, und er allein dastand und niemand hinter ihm – und was für ein

Fiasko er aus Waterloo gemacht hatte, da dachte ich, daß alle Generationen durch irgend etwas verloren waren und immer gewesen waren und immer sein würden, und ich machte in der *Closerie* halt, um der Statue Gesellschaft zu leisten, und trank ein kaltes Bier, ehe ich nach Hause in die Wohnung über der Sägemühle ging. Aber als ich da beim Bier saß und die Statue betrachtete, und mich daran erinnerte, wie viele Tage Ney persönlich mit der Nachhut auf dem Rückzug von Moskau gekämpft hatte, aus dem Napoleon mit Caulaincourt im Wagen davongefahren war, da dachte ich daran, was Miss Stein für eine warmherzige und liebevolle Freundin gewesen war, und wie schön sie am Tage des Waffenstillstands 1918 über Apollinaire und seinen Tod gesprochen hatte, als die Menge *à bas Guillaume* schrie und Apollinaire im Delirium glaubte, sie tobten gegen ihn, und ich dachte, ich will mein Äußerstes tun, um ihr behilflich zu sein, und zusehen, daß ihr für die gute Arbeit, die sie geleistet hat, Gerechtigkeit widerfährt, so lange, wie ich kann, so wahr mir Gott und Michel Ney helfe. Aber zum Teufel mit dem Gerede von der verlorenen Generation und all ihren dreckigen Phrasen. Als ich nach Hause und in den Hof und nach oben kam und meine Frau und meinen Sohn und seine Katze, F. Puss, alle miteinander glücklich sah, und ein Feuer im Kamin brannte, sagte ich zu meiner Frau: «Weißt du, Gertrude ist doch nett.»

«Natürlich, Tatie.»

«Aber sie redet wirklich manchmal eine Menge Quatsch.»

«Das höre ich ja nie», sagte meine Frau. «Ich bin eine Ehefrau. Ihre Freundin unterhält sich mit mir.»

Shakespeare and Company

Damals hatten wir kein Geld, um Bücher zu kaufen. Ich borgte mir Bücher aus der Leihbibliothek von Shakespeare and Company; das war die Bibliothek und der Buchladen von Sylvia Beach in der Rue de l'Odéon 12. Auf einer kalten, vom Sturm gepeitschten Straße war hier im Winter ein warmer, behaglicher Ort, mit einem großen Ofen, mit Tischen und Regalen voller Bücher, mit Neuerscheinungen im Fenster und Fotografien berühmter Schriftsteller, sowohl toter wie lebender, an der Wand. Die Fotografien sahen alle wie Momentaufnahmen aus, und selbst die toten Schriftsteller sahen aus, als ob sie wirklich lebendig gewesen waren. Sylvia hatte ein lebhaftes, scharfgeschnittenes Gesicht, braune Augen, die so lebendig waren wie die eines kleinen Tieres und so vergnügt wie die eines jungen Mädchens und welliges braunes Haar, das von ihrer hübschen Stirn zurückgebürstet war und das unterhalb der Ohren und an der Kragenkante der braunen Samtjacke, die sie trug, dicht gestutzt war. Sie hatte hübsche Beine, und sie war freundlich, vergnügt und interessiert und ulkte und klatschte gern. Ich habe nie jemanden gekannt, der netter zu mir war.

Als ich zum erstenmal den Buchladen betrat, war ich sehr schüchtern, und ich hatte nicht genügend Geld bei mir, um der Leihbibliothek beizutreten. Sie sagte mir, daß ich den Beitrag jederzeit, wenn ich Geld hätte, bezahlen könne und stellte mir eine Karte aus und sagte, ich könnte so viele Bücher mitnehmen, wie ich wollte.

Es gab keinen Grund, warum sie mir trauen sollte. Sie kannte mich nicht, und die Adresse, die ich ihr gab, Rue Cardinal-Lemoine 74, hätte keine schlechtere sein können. Aber sie war entzückend und bezaubernd und hieß mich willkommen, und hinter ihr, so hoch wie die Wand, waren Fächer und Fächer mit den Reichtümern ihrer Bibliothek, die sich bis ins Hinterzimmer, das auf den Innenhof des Hauses hinausging, ausdehnte.

Ich begann mit Turgenjew und nahm die beiden Bände der *Aufzeichnungen eines Jägers* und ein frühes Buch von D. H. Lawrence – ich glaube, es war *Söhne und Liebhaber* –, und Sylvia sagte zu mir, ich könnte mehr Bücher nehmen, wenn ich wollte. Ich wählte die Constance Garnettsche Ausgabe von *Krieg und Frieden* und *Der Spieler und andere Geschichten* von Dostojewski.

«Sie werden nicht sehr bald wiederkommen, wenn Sie all das lesen», sagte Sylvia.

«Ich komme wieder, um zu bezahlen», sagte ich. «Ich habe etwas Geld zu Hause.»

«So hab ich's nicht gemeint», sagte sie. «Sie bezahlen, wenn es Ihnen paßt.»

«Wann kommt Joyce her?» fragte ich.

«Wenn er herkommt, ist es meist sehr spät am Nachmittag», sagte sie. «Haben Sie ihn nie gesehen?»

«Wir haben ihn mit seiner Familie bei *Michaud* essen sehen», sagte ich. «Aber es ist nicht höflich, Leute anzustarren, wenn sie beim Essen sind, und *Michaud* ist teuer.»

«Essen Sie zu Hause?»

«Meistens jetzt», sagte ich. «Wir haben eine gute Köchin.»

«Direkt in Ihrem Viertel gibt es keine Restaurants, nicht wahr?»

«Nein. Woher wissen Sie das?»

«Larbaud hat dort gewohnt», sagte sie. «Das war das einzige, was ihm daran nicht gefiel.»

«Das nächste gute, billige Eßlokal ist drüben beim Panthéon.»

«Das Viertel kenne ich nicht. Wir essen zu Hause. Sie und Ihre Frau müssen irgendwann mal kommen.»

«Warten Sie erst ab, ob ich bezahle», sagte ich. «Aber schönsten Dank.»

«Lesen Sie nicht zu schnell», sagte sie.

Unser Zuhause in der Rue Cardinal-Lemoine war eine Zwei-Zimmer-Wohnung, die kein Warmwasser hatte und keine Wasserklosettanlage; wir hatten nur einen antiseptischen Behälter, gar nicht so unkomfortabel für jemanden, der in Michigan an einen Abort im Freien gewöhnt war. Mit einer schönen Aussicht und einer guten Sprungfedermatratze als bequemes Bett auf dem Fußboden und Bildern an der Wand, die uns gefielen, war es eine freundliche, heitere Wohnung. Als ich dort mit meinen Büchern anlangte, erzählte ich meiner Frau von dem Fund, den ich gemacht hatte.

«Aber Tatie, du mußt heute nachmittag vorbeigehen und bezahlen», sagte sie.

«Gewiß tu ich das», sagte ich. «Wir wollen beide gehen. Und dann wollen wir unten zum Fluß und an den Quais entlang.»

«Laß uns die Rue de Seine runterschlendern und in all die Galerien und Schaufenster reingucken.»

«Gewiß, wir können überall herumschlendern, und wir können bei irgendeinem neuen Café haltmachen, wo wir keinen kennen und keiner uns kennt, und dort einen trinken.»

«Wir können zwei trinken.»

«Und dann können wir irgendwo essen.»

«Nein, vergiß nicht, wir müssen die Leihbibliothek bezahlen.»

«Dann gehen wir nach Hause und essen hier, und zwar ein wunderbares Mahl, und trinken Beaune aus dem Konsum, den man direkt da vom Fenster aus sehen kann, wo der Preis von dem Beaune auf der Scheibe steht. Und danach wollen wir lesen, und dann gehen wir ins Bett und geben uns der Liebe hin.»

«Und wir werden niemals jemand anderes liebhaben als uns.»

«Nein. Niemals.»

«Was für ein wunderbarer Nachmittag und Abend. Aber jetzt wollen wir lieber Mittag essen.»

«Ich bin sehr hungrig», sagte ich. «Ich habe im Café nur bei einem *café crème* gearbeitet.»

«Wie ging es denn, Tatie?»

«Ich glaube recht gut. Hoffentlich. Was gibt's denn zum Essen?»

«Junge Radieschen und gute *foie de veau* mit Kartoffelpüree und Endiviensalat. Apfelkuchen.»

«Und wir werden alle Bücher der Welt lesen können, und wenn wir verreisen, können wir sie mitnehmen.»

«Wäre das anständig?»

«Gewiß.»

«Hat sie auch Henry James?»

«Gewiß.»

«Mensch», sagte sie. «Was haben wir ein Glück, daß du den Laden da gefunden hast.»

«Wir haben immer Glück», sagte ich, und wie ein Tor klopfte ich nicht auf Holz. Es gab in dieser Wohnung überall Holz, auf das man klopfen konnte.

Menschen an der Seine

Es gab viele Wege, auf denen man vom oberen Ende der Rue Cardinal-Lemoine hinunter zum Fluß gelangen konnte. Der kürzeste war direkt die Straße hinunter, aber er war steil und brachte einen, nachdem man auf das ebene Stück kam und den geschäftigen Verkehr des Boulevard Saint-Germain durchquert hatte, hinaus auf eine langweilige Strecke eines trübseligen, windigen Flußufers, mit der Halle-aux-Vins zur Rechten. Diese war nicht wie jede andere Pariser Markthalle, sondern wie eine Art Speicher, wo Wein zur Sicherung von Zollzahlungen eingelagert wurde, und war so freudlos von außen wie ein Militärdepot oder ein Gefangenenlager.

Jenseits des Seinearms war die Île Saint-Louis mit ihren engen Straßen und den alten, hohen, schönen Häusern, und man konnte dort hinübergehen, oder man konnte nach links abbiegen und an den Quais entlanggehen und hatte beim Gehen die Länge der Île Saint-Louis und dann Notre-Dame und die Île de la Cité gegenüber.

In den Bücherständen längs der Quais konnte man manchmal amerikanische Bücher, die gerade erschienen waren, ganz billig kaufen. Das Restaurant *La Tour d'Argent* hatte damals ein paar Zimmer über dem Restaurant, die vermietet wurden, und die Leute, die dort wohnten, bekamen im Restaurant eine Ermäßigung, und wenn die Leute, die dort wohnten, irgendwelche Bücher zurückließen, trug sie der *valet de chambre* zu einem Bücherstand, nicht sehr weit den Quai hinunter, wo er sie verkaufte, und man konnte sie von der Besitzerin für ganz wenige Francs erstehen. Sie traute den englisch geschriebenen Büchern nicht, bezahlte beinahe nichts für sie und verkaufte sie mit einem kleinen, schnellen Profit.

«Taugen sie was?» fragte sie mich, nachdem wir uns angefreundet hatten.

«Manchmal ist eines dabei.»

«Wie kann das irgendwer wissen?»

«Ich weiß es, wenn ich sie lese.»

«Aber es ist immer eine Art Glücksspiel. Und wie viele Leute können schon Englisch lesen?»

«Heben Sie sie für mich auf, und ich werde sie durchsehen.»

«Nein. Ich kann sie nicht aufheben. Sie kommen ja nicht regelmäßig vorbei. Sie bleiben zwischendurch zu lange fort. Ich muß sie so schnell verkaufen, wie ich kann. Niemand weiß, ob sie nicht wertlos sind. Wenn es sich zeigt, daß sie wertlos sind, könnte ich sie nie verkaufen.»

«Woran erkennen Sie ein wertvolles französisches Buch?»

«Zuerst mal an den Bildern. Dann ist die Frage, wie gut die Bilder sind. Dann der Einband. Wenn das Buch gut ist, wird es der Besitzer ordentlich binden lassen. Alle englischen Bücher sind gebunden, aber schlecht gebunden. Es gibt nichts, wonach man sie beurteilen kann.»

Nach jenem Bücherstand dicht an der *Tour d'Argent* gab es keinen weiteren, der amerikanische oder englische Bücher verkaufte, bis zum Quai des Grands-Augustins. Von dort an gab es verschiedene bis jenseits des Quai Voltaire, die Bücher verkauften, die sie von den Angestellten der Hotels am linken Ufer erstanden und besonders vom Hôtel Voltaire, das eine wohlhabendere Kundschaft hatte als die meisten. Eines Tages fragte ich eine andere Standinhaberin, mit der ich befreundet war, ob die Bücher jemals von den Besitzern verkauft würden.

«Nein», sagte sie. «Die werden alle weggeworfen. Daher weiß man, daß sie wertlos sind.»

«Sie bekommen sie von Freunden, um sie auf dem Schiff zu lesen.»

«Zweifellos», sagte sie. «Sie lassen sicher eine Menge auf den Schiffen liegen.»

«Das tun sie», sagte ich. «Die Schiffahrtsgesellschaft behält sie und läßt sie einbinden, und daraus werden dann die Schiffsbibliotheken.»

«Das ist gescheit», sagte sie. «Wenigstens sind sie dann ordentlich gebunden. Also, so ein Buch hätte Wert.»

Wenn ich mit meiner Arbeit fertig war, oder wenn ich mir etwas überlegen wollte, ging ich an den Quais entlang. Es ließ sich leichter überlegen, wenn man ging oder etwas tat oder wenn man Leute sah, die etwas taten, worauf sie sich verstanden. An der Spitze der Île de la Cité unterhalb des Pont Neuf, auf dem das Denkmal von Henri Quatre steht, endet die Insel wie der scharfe Bug eines Schiffes, und dort ist ein kleiner Park am Rande des Wassers mit schönen Kastanienbäumen, riesengroß und ausladend, und in den Wirbeln und Stauwassern, die die Seine im Vorbeifließen macht, gibt es ausgezeichnete Stellen zum Angeln. Man ging eine Treppe hinunter zum Park und beobachtete die Angler dort und unter der großen Brücke. Die guten Angelplätze wechselten mit der Höhe des Wasserstandes, und die Angler benutzten lange, ineinandergesteckte Stangen aus Rohr, aber sie angelten mit sehr feinen Sehnen und leichten Geräten und Posen und beköderten die Wasserstrecke, wo sie angelten, sachgemäß. Sie fingen immer ein paar Fische, und oft war der Fang ausgezeichnet, eine Art Weißfisch, die *goujon* hieß. Sie waren, wenn man sie im ganzen briet, köstlich, und ich konnte einen großen Teller voll essen. Sie waren fleischig und zart, sogar von feinerem Geschmack als frische Sardinen, und waren überhaupt nicht tranig, und wir aßen sie mit Gräten und allem.

Einer der besten Orte, wo man sie aß, war draußen im Freien in Bas Meudon, in einem Restaurant, das über den Fluß hinausgebaut war, wo wir, wenn wir für einen Ausflug Geld hatten, hinfuhren, um mal aus dem Viertel herauszukommen. Es hieß *La Pêche Miraculeuse*, und es gab dort einen prächtigen Weißwein, eine Art von Muscadet. Es war wie ein Ort aus einer Maupassant-Novelle, mit dem Blick über den Fluß, wie Sisley ihn gemalt hat. Man brauchte nicht so weit zu fahren, um *goujon* zu essen. Auf der Île Saint-Louis konnte man eine sehr gute *friture* bekommen.

Ich kannte ein paar von den Männern, die an den fruchtbaren Stellen der Seine zwischen der Île Saint-Louis und der Place du Vert-Galant angelten, und manchmal, wenn es ein schöner Tag war, kaufte ich mir einen Liter Wein, Brot und etwas Wurst, saß dann in der Sonne und las eines der Bücher, die ich gekauft hatte, und sah beim Angeln zu.

Die Reiseschriftsteller schrieben über die Männer, die in der Seine angelten, als ob sie verrückt seien und niemals etwas fingen, aber es war ein seriöses und einträgliches Angeln. Die meisten der Angler waren Männer, die kleine Pensionen hatten, von denen sie damals noch nicht wußten, daß sie durch die Inflation entwertet werden würden, oder es waren leidenschaftliche Angler, die an ihren arbeitsfreien oder halbfreien Tagen angelten. In Charenton, wo die Marne in die Seine mündet, und zu beiden Seiten von Paris gab es bessere Angelmöglichkeiten, aber in Paris selbst gab es auch sehr gute Stellen zum Angeln. Ich angelte nicht, weil ich kein Gerät hatte und ich es vorzog, mein Geld aufzusparen, um in Spanien zu angeln. Ich wußte auch nicht, wann ich mit meiner Arbeit fertig sein würde und wann ich fort sein mußte, und ich wollte nicht in die Angelei verwickelt werden, die ihre guten und ihre flauen Zeiten hat. Aber ich verfolgte alles genau, und es war interessant und gut, darüber Bescheid zu wissen, und es machte mich immer froh, daß eine Reihe Männer in der Stadt selbst angelten und daß es einwandfreies und seriöses Angeln war und daß sie ihren Familien immer ein paar Fische für eine *friture* nach Hause brachten.

Mit den Anglern und dem Leben auf dem Fluß, den schönen Lastkähnen mit ihrem eigenen Leben an Bord, den Schleppern – mit ihren Schornsteinen, die sich zurücklegten, um unter den Brücken hindurchzukommen –, die eine Reihe von Kähnen zogen, den großen Ulmen an den steinernen Ufern des Flusses, den Platanen und an manchen Stellen den Pappeln, konnte ich mich niemals am Fluß einsam fühlen. Mit so vielen Bäumen in der Stadt konnte man Tag für Tag den Frühling kommen sehen, bis ihn eine Nacht mit warmem Wind plötzlich eines Morgens brachte. Manchmal schlugen ihn die kalten, schweren Regenschauer zurück, so daß es schien, als ob er nie kommen würde, und daß du eine Jahreszeit aus deinem Leben verlorst. Das war die einzige wirklich traurige Zeit in Paris, weil sie unnatürlich war. Man rechnete damit, im Herbst traurig zu sein. Ein Teil von dir starb jedes Jahr, wenn die Blätter von den Bäumen fielen und die Äste kahl gegen den Wind und das kalte, winterliche Licht standen. Aber du wußtest, daß es immer wieder Frühling werden würde, genau wie du wußtest, daß der Fluß, nachdem er zugefroren war, wieder fließen würde. Wenn die kalten Regenschauer anhielten und den Frühling töteten, war es, als ob ein junger Mensch ohne jeden Grund gestorben war.

In jenen Tagen jedoch kam der Frühling schließlich immer, aber es war beängstigend, daß er beinahe ausgeblieben war.

Ein trügerischer Frühling

Wenn der Frühling kam, selbst der trügerische Frühling, gab es keine Probleme außer dem, wo man am glücklichsten sein würde. Das einzige, was einen Tag verderben konnte, waren Menschen, und wenn man vermeiden konnte, Verabredungen zu treffen, so war jeder Tag ohne Grenzen. Menschen waren immer die Begrenzer des Glücks, bis auf die sehr wenigen, die so gut waren wie der Frühling selbst.

An den Frühlingstagen arbeitete ich schon zeitig, während meine Frau noch schlief. Die Fenster waren weit offen, und die Pflastersteine der Straße trockneten nach dem Regen. Die Sonne trocknete die nassen Fassaden der Häuser, die den Fenstern gegenüber waren.

Die Geschäfte hatten noch die Rolladen vor. Der Ziegenhirt kam die Straße herauf und blies auf seiner Sackpfeife, und eine Frau, die ein Stockwerk über uns wohnte, kam mit einem großen Topf hinaus auf den Bürgersteig. Der Ziegenhirt wählte eine der schwereutrigen Milchziegen aus und melkte sie in den Topf, während sein Hund die anderen hinauf auf den Bürgersteig drängte. Die Ziegen blickten umher und drehten die Köpfe wie Touristen. Der Ziegenhirt nahm das Geld der Frau entgegen, bedankte sich und ging die Straße weiter hinauf und blies, und der Hund trieb die Ziegen, deren Hörner auf und ab schnellten, vorwärts. Ich ging wieder an die Arbeit, und die Frau kam mit der Ziegenmilch die Treppe herauf. Sie trug ihre Hausschuhe mit den Filzsohlen, und ich hörte sie nur atmen, als sie auf den Stufen vor unserer Tür stehenblieb, und dann das Schließen ihrer Tür. Sie war die einzige Kundin für Ziegenmilch in unserem Haus.

Ich beschloß hinunterzugehen und die Morgenausgabe einer Rennzeitung zu kaufen. Kein Viertel war zu arm, um nicht wenigstens ein Exemplar einer Rennzeitung zu haben, aber an einem Tag wie diesem mußte man sie früh kaufen. Ich fand eine in der Rue Descartes an der Ecke der Place Contrescarpe. Die Ziegen gingen die Rue Descartes hinunter, und ich atmete die Luft tief ein und ging schnell zurück, um die Treppen hinaufzuklettern und meine Arbeit hinter mich zu bringen. Es war sehr verlockend gewesen, draußen zu bleiben und den Ziegen die frühmorgendliche Straße hinunter zu folgen. Aber ehe ich wieder zu arbeiten begann, sah ich in die Zeitung. Sie liefen in Enghien auf der kleinen, hübschen, trügerischen Bahn, auf der die Außenseiter zu Hause waren.

Wir wollten also an dem Tag, wenn ich fertig gearbeitet hatte, zum Rennen gehen. Von der Torontoer Zeitung, für die ich berichtete, war etwas Geld gekommen, und wir wollten auf einen absoluten Außenseiter setzen, falls wir einen finden konnten. Meine Frau hatte einmal in Auteuil auf ein Pferd, das ‹Chèvre d'Or› hieß, gesetzt, das einhundertzwanzig zu eins gelegt wurde und das mit zwanzig Längen führte, als es beim letzten Sprung stürzte – mit genügend Ersparnissen drauf, um unseren Lebensunterhalt sechs Monate zu bestreiten. Wir gaben uns Mühe, niemals daran zu denken. In dem Jahr standen wir gut – bis ‹Chèvre d'Or›.

«Haben wir genug Geld, um wirklich etwas zu setzen, Tatie?» fragte meine Frau.

«Nein, wir kalkulieren einfach, wir geben aus, was wir mitnehmen. Gibt es irgend etwas, wofür du's lieber ausgeben möchtest?»

«Hm», sagte sie.

«Ich weiß, es ist furchtbar schwer für dich gewesen, und ich war knauserig und geizig mit dem Geld.»

«Nein», sagte sie. «Aber . . .»

Ich wußte, wie hart ich gewesen war und wie schlimm es gewesen war. Der, der seine Arbeit tut und Genugtuung darin findet, ist es nicht, der unter der Armut leidet. Für mich waren Badewannen und Duschen und Klosetts mit Wasserspülung Dinge, die Leute hatten, die tief unter uns standen oder die man genoß, wenn man auf Reisen war, wie wir's oft waren. Es gab schließlich die öffentliche Badeanstalt am Ende der Straße, unten am Fluß.

Meine Frau hatte sich nicht ein einziges Mal über diese Dinge beschwert, ebensowenig, wie sie weinte, als ‹Chèvre d'Or› stürzte. Sie hatte wegen des Pferdes geweint, erinnerte ich mich, aber nicht wegen des Geldes. Ich war starrköpfig gewesen, als sie eine graue Lammfelljacke brauchte, und ich fand sie wunderbar, nachdem sie sie gekauft hatte. Ich war auch bei anderen Sachen blöd gewesen. Es war alles ein Teil des Kampfes gegen die Armut, den man niemals gewinnt – außer wenn man nichts ausgibt. Besonders, wenn man an Stelle von Kleidungsstücken Bilder kauft.

Aber wir hielten uns eben niemals für arm. Wir wollten es nicht wahrhaben. Wir hielten uns für sehr erhaben, andere Leute, auf die wir herabsahen und denen wir mit Recht mißtrauten, mochten reich sein. Ich fand es niemals seltsam, Trikots als Unterwäsche zu tragen, um warm zu bleiben. So etwas war nur für die Reichen merkwürdig. Wir aßen gut und billig und tranken gut und billig und schliefen gut und warm zusammen und hatten uns lieb.

«Ich finde, wir sollten gehen», sagte meine Frau. «Wir sind so ewig lange nicht draußen gewesen. Wir nehmen Essen und Wein mit. Ich mache uns gute belegte Brote.»

«Wir fahren mit dem Zug, auf die Art ist es billig. Aber laß uns nicht fahren, wenn du meinst, daß wir nicht sollten. Wir werden uns heute amüsieren, was wir auch tun. Es ist ein wunderbarer Tag.»

«Ich finde, wir sollten fahren.»

«Du möchtest es nicht lieber für etwas anderes ausgeben?»

«Nein», sagte sie arrogant. Sie hatte die wunderschönen hohen, zur Arroganz passenden Backenknochen. «Wer sind wir denn?»

So fuhren wir also mit dem Zug von der Gare du Nord durch den schmutzigsten und traurigsten Teil der Stadt und gingen vom Nebengleis zu der Oase der Rennbahn. Es war früh, und wir saßen auf meinem Regenmantel an dem frisch geschnittenen Rasenhang und aßen unser Lunch und tranken aus der Weinflasche und sahen zu der alten Tribüne hinüber, den braunen, hölzernen Wettbuden, dem Grün der Innenbahn, dem dunkleren Grün der Hürden und dem braunen Schimmer der Wassergräben und zu den geweißten Steinwällen und weißen Pfosten und Gattern, dem Sattelplatz unter den frischbelaubten Bäumen und den ersten Pferden, die zum Sattelplatz geführt wurden. Wir tranken unseren Wein und studierten ihre Form in der Zeitung, und Hadley legte sich auf den Regenmantel, um zu schlafen – mit der Sonne im Gesicht. Ich ging hinüber und fand jemanden, den ich von früher aus San Siro in Mailand kannte. Er gab mir zwei Tips.

«Passen Sie auf, die sind keine Kapitalanlage, aber lassen Sie sich nicht von den Quoten abschrecken.»

Wir gewannen beim ersten mit der Hälfte des Geldes, das wir ausgeben konnten, und es gab zwölf zu eins. Unser Pferd sprang wunderbar, setzte sich an der gegenüberliegenden Seite der Bahn an die Spitze und siegte mit vier Längen. Wir legten die Hälfte des Geldes zurück und setzten die andere Hälfte auf das zweite Pferd, das hervorschoß, die ganze Strecke über die Hindernisse führte und auf der Flachen gerade bis zur Ziellinie durchhielt, und der Favorit holte bei jedem Sprung auf, und die beiden Peitschen droschen drauflos.

Wir gingen und tranken ein Glas Champagner an der Bar unter der Tribüne und warteten darauf, daß die Quoten aufgezogen würden.

«Mein Gott, so ein Rennen nimmt einen furchtbar mit», sagte meine Frau. «Hast du gesehen, wie das Pferd hinter ihm aufholte?»

«Ich kann's immer noch in mir fühlen.»

«Was wird es bringen?»

«Die *cote* war achtzehn zu eins. Aber vielleicht hat man noch zum Schluß darauf gesetzt.»

Die Pferde kamen vorbei, unseres naß, mit weit geblähten, nach Luft schnappenden Nüstern. Der Jockey tätschelte es.

«Das arme Tier», sagte meine Frau. «Wir wetten nur.»

Wir beobachteten, wie sie vorbeikamen, und tranken noch ein Glas Champagner, und dann kam die Gewinnquote hoch: 85. Das hieß, daß es fünfundachtzig Francs für zehn gab.

«Die müssen zum Schluß noch eine Masse Geld gesetzt haben», sagte ich.

Aber wir hatten viel Geld gewonnen, sehr viel Geld für uns. Und jetzt hatten wir Frühling und auch noch Geld. Ich fand, das war alles, was wir brauchten. Ein Tag wie dieser ließ uns, wenn man den Gewinn so teilte, daß jeder von uns ein Viertel zum Ausgeben bekam, die Hälfte für unser Rennkapital. Ich hielt das Rennkapital geheim und getrennt von allem anderen Geld.

An einem anderen Tag, später in jenem Jahr, als wir von einer unserer Reisen zurückgekommen waren, hatten wir wieder Glück auf einer Rennbahn und gingen auf dem Heimweg zu *Prunier* hinein und setzten uns an die Bar, nachdem wir uns draußen im Fenster all die deutlich mit Preisen versehenen Herrlichkeiten angesehen hatten. Wir aßen Austern und *crabe mexicaine* und tranken Sancerre dazu. Wir gingen im Dunkeln durch die Tuilerien zurück und blieben stehen und blickten durch den Arc du Carrousel über die dunklen Gärten, mit den Lichtern der Concorde hinter der scheinbaren Dunkelheit, und dann hinauf den langen Anstieg der Lichter dem Arc de Triomphe zu. Dann blickten wir auf das Dunkel des Louvre, und ich sagte: «Glaubst du wirklich, daß die drei Bogen in einer geraden Linie stehen, diese beiden und der Sermione in Mailand?»

«Ich weiß nicht, Tatie. Man sagt es, und die Leute sollten es wissen. Erinnerst du dich, wie wir nach der Kletterei im Schnee auf der italienischen Seite des St. Bernhard in den Frühling hinauskamen, und du und Chink und ich den ganzen Tag über im Frühling nach Aosta hinunterwanderten?»

«Chink nannte es ‹in Straßenschuhen über den St. Bernhard›. Erinnerst du dich an deine Schuhe?»

«Meine armen Schuhe. Erinnerst du dich, wie wir bei *Biffi* in der Galleria eine Art Bowle tranken aus Capriwein und frischen Pfirsichen und Walderdbeeren in einem hohen gläsernen Krug mit Eis?»

«Das war damals, als ich mir zum erstenmal über die Sache mit den drei Bogen Gedanken machte.»

«Ich erinnere mich an den Sermione. Er ist wie dieser Bogen.»

«Erinnerst du dich an jenen Tag im Wirtshaus in Aigle, wo du und Chink im Garten saßet und last, während ich angelte?»

«Ja, Tatie.»

Ich erinnerte mich an die Rhône, schmal und grau und voller Schneewasser und die zwei Forellenwasser zu beiden Seiten, den Stockalper und den Rhônekanal. Der Stockalper war an jedem Tag ganz klar, und der Rhônekanal war noch trübe.

«Erinnerst du dich, als die Kastanienbäume in Blüte standen, und wie ich versuchte, mich an eine Geschichte über eine Glyzinienrebe zu erinnern, die mir Jim Gamble erzählt hatte, und wie ich mich nicht an sie erinnern konnte?»

«Ja, Tatie, und wie du und Chink immer davon geredet habt, wie man die Dinge beim Schreiben wahr machen kann und wie man sie richtig ausdrückt und nicht beschreibt. Ich erinnere mich an alles. Manchmal hatte er recht, und manchmal hattest du recht. Ich erinnere mich an die Lichter und die Stoffe und die Formen, über die ihr euch ereifert habt.»

Jetzt waren wir aus dem Louvre durch die Einfahrt herausgekommen und überquerten draußen die Straße, und wir standen auf der Brücke, lehnten uns gegen den Stein und blickten den Fluß hinab.

«Wir diskutierten alle drei über alles und immer über ganz bestimmte Dinge und machten uns übereinander lustig. Ich erinnere mich an alles auf der ganzen Reise, was wir je gemacht haben und alles, was wir je gesagt haben», sagte Hadley. «Ganz wirklich. An alles. Wenn du und Chink euch unterhieltet, war ich richtig mit dabei. Es war nicht wie bei Miss Stein, wo man nur Ehefrau ist.»

«Ich wünschte, ich könnte mich an die Geschichte mit der Glyzinienrebe erinnern.»

«Die war nicht wichtig. Aber die Rebe war wichtig, Tatie.»

«Erinnerst du dich, daß ich aus Aigle Wein nach Hause mitbrachte, ins Chalet? Sie verkauften ihn uns im Gasthaus. Sie sagten, er passe gut zu den Forellen. Ich glaube, wir wickelten die Flaschen in ein paar Exemplare der *Gazette de Lausanne*.»

«Der Sion war noch besser. Erinnerst du dich, wie Mrs. Gangeswisch die Forellen *au bleu* kochte, als wir ins Chalet zurückkamen? Was waren das für wundervolle Forellen, Tatie, und wir tranken den Sion und aßen draußen auf der Veranda, wo der Berghang steil darunter abfiel, und konnten über den See blicken und die Dent du Midi sehen mit dem Schnee zu halber Höhe und die Bäume an der Mündung der Rhône, wo sie in den See hineinfließt.»

«Wir vermissen Chink immer im Winter und im Frühling.»

«Immer. Und ich vermisse ihn auch jetzt, wo der Frühling vorbei ist.»

Chink war Berufssoldat und war von Sandhurst direkt nach Mons gekommen. Ich war ihm zuerst in Italien begegnet, und er war lange Zeit mein und dann unser bester Freund gewesen. Damals verbrachte er immer seinen Urlaub mit uns.

«Er schrieb letzte Woche aus Köln. Er will versuchen, diesen nächsten Frühling Urlaub zu bekommen.»

«Ich weiß. Das sollte jetzt sein, und wir würden jede Minute genießen.»

«Jetzt beobachten wir das Wasser, wie es gegen die Strebepfeiler anspült. Sieh mal, was wir sehen können, wenn wir flußaufwärts blicken.»

Wir blickten hin, und da war es alles, unser Fluß und unsere Stadt und die Insel unserer Stadt.

«Wir haben zuviel Glück», sagte sie. «Ich hoffe, Chink wird kommen. Er paßt auf uns auf.»

«Er findet das nicht.»

«Natürlich nicht.»

«Er meint, daß wir gemeinsam Entdeckungen machen.»

«Das tun wir. Aber es kommt darauf an, was man entdeckt.»

Wir gingen über die Brücke und waren auf unserer Seite des Flusses.

«Bist du wieder hungrig?» fragte ich. «Da reden und gehen wir einfach drauflos.»

«Natürlich, Tatie, du nicht?»

«Wir wollen in ein wunderbares Lokal gehen und ein wirklich grandioses Mahl essen.»

«Wo?»

«Bei *Michaud*?»

«Ausgezeichnet, und es ist so schön nah.»

Also gingen wir in die Rue des Saints-Pères hinauf bis zur Ecke der Rue Jacob, blieben hin und wieder stehen und blickten in die Schaufenster auf Bilder und Möbel. Wir standen vor Michauds Restaurant und lasen die ausgehängte Speisekarte. *Michaud* war überfüllt, und wir warteten darauf, daß Leute herauskamen, und beobachteten die Tische, an denen Leute bereits ihren Kaffee tranken.

Wir waren vom Gehen wieder hungrig, und *Michaud* war für uns ein aufregendes und ein teures Restaurant. Dort aß Joyce damals mit seiner Familie. Er und seine Frau an der Wand – Joyce hielt die Speisekarte in einer Hand in die Höhe und beäugte die Speisekarte durch seine dicken Brillengläser, Nora neben ihm, ein herzhafter, aber wählerischer Esser, Giorgio dünn, geziert, mit gestriegeltem Hinterkopf, Lucia mit schönem, lockigem Haar, ein noch nicht ganz erwachsenes Mädchen. Sie sprachen alle Italienisch.

Wie wir so dastanden, überlegte ich, wieviel von dem, was wir auf der Brücke gefühlt hatten, einfach Hunger gewesen war. Ich frug Hadley, und sie sagte: «Ich weiß nicht, Tatie. Es gibt so viele Arten von Hunger. Im Frühling gibt es mehr. Aber der ist jetzt vorbei. Erinnern ist Hunger.»

Ich war wieder stur, blickte durch die Scheibe und sah, wie zwei Tournedos gerade serviert wurden, und wußte, daß ich auf eine simple Art hungrig war.

«Du hast gesagt, daß wir heute Glück hatten. Natürlich hatten wir's. Aber wir hatten sehr gute Informationen und Tips.»

Sie lachte.

«Ich meinte nicht beim Rennen. Du bist ein so pedantischer Kerl. Ich meinte Glückhaben auf andere Weise.»

«Ich glaube nicht, daß Chink sich was aus Rennen macht», sagte ich, meiner Sturheit noch etwas hinzufügend.

«Nein. Er macht sich nur was daraus, wenn er selber reitet.»

«Willst du nicht mehr zum Rennen gehen?»

«Doch, natürlich. Und jetzt können wir wieder gehen, wann immer wir wollen.»

«Aber willst du auch wirklich gehen?»

«Natürlich. Du doch auch, nein?»

Nachdem wir erst drinnen waren, gab es ein wunderbares Essen bei *Michaud*, aber als wir fertig waren und von Hunger keine Rede mehr sein konnte, war das Gefühl, das wie Hunger war, als wir auf der Brücke standen, immer noch da, als wir den Omnibus nach Hause nahmen. Es war da, als wir ins Zimmer kamen, und es war da, nachdem wir zu Bett gegangen waren und uns im Dunkel lieb hatten. Als ich aufwachte, bei offenen Fenstern und mit Mondlicht auf den Dächern der hohen Häuser, war es da. Ich rückte mein Gesicht aus dem Mondlicht in den Schatten, aber ich konnte nicht schlafen und lag wach und dachte darüber nach. Wir waren beide zweimal in der Nacht aufgewacht, und Hadley schlief jetzt wieder friedlich mit dem Mondlicht auf ihrem Gesicht. Ich mußte versuchen, mir darüber klarzuwerden, aber ich war zu stur. Das Leben schien mir an jenem Morgen so einfach zu sein, als ich aufgewacht war und den trügerischen Frühling vorfand und die Sackpfeife des Mannes mit der Ziegenherde gehört hatte und ausgegangen war, um eine Rennzeitung zu kaufen.

Aber Paris war eine sehr alte Stadt, und wir waren jung, und nichts war dort einfach, nicht einmal Armut noch plötzliches Geld, noch das Mondlicht, noch Recht und Unrecht, noch das Atmen von jemand, der neben einem im Mondlicht lag.

Das Ende einer Beschäftigung

Wir gingen, nachdem ich frühmorgens gearbeitet hatte, in diesem Jahr und anderen Jahren noch häufig zum Rennen; und es machte Hadley Spaß, und manchmal fand sie es herrlich. Aber es waren nicht die Klettereien in den Hochgebirgswiesen über dem höchsten Wald, noch die Nächte, wenn wir ins Chalet heimkamen, noch war es mit Chink, unserem besten Freund, über einen hohen Paß klettern und hinunter in neues Land. Es waren noch nicht einmal wirklich die Rennen. Es war Hasardspiel mit Pferden. Aber wir nannten es Rennen.

Die Rennen entzweiten uns nicht, das konnten nur Menschen tun; aber lange Zeit ließen sie uns nicht los wie eine anspruchsvolle Freundin. Es war großzügig, derart an sie zu denken. Ich, der ich so unbestechlich in bezug auf Menschen und auf ihre zerstörende

Gewalt war, duldete diese Freundin, die falscheste, schönste, aufregendste, lasterhafteste und anspruchvollste, weil sie einträglich sein konnte. Es einträglich zu machen, war mehr als eine Ganztagsbeschäftigung, und dazu hatte ich nicht die Zeit. Aber ich rechtfertigte es mir selbst gegenüber damit, daß ich über Pferderennen schrieb – obwohl zum Schluß, als alles, was ich geschrieben hatte, verlorenging, nur eine Renngeschichte überlebte, weil sie unterwegs in der Post war.

Ich ging jetzt öfters allein zum Rennen; und es nahm mich stark in Anspruch, und ich wurde zu sehr in die Sache verwickelt. Wenn ich konnte, bearbeitete ich während der Rennsaison zwei Bahnen, die in Auteuil und Enghien. Es war Ganztagsarbeit, wenn man versuchte, intelligent zu handikappen, und auf diese Art ließ sich kein Geld machen. Das war ja nur, wie es sich auf dem Papier auswirkte. Man konnte eine Zeitung kaufen, die einem das brachte.

Man mußte ein Hindernisrennen in Auteuil von oben auf den Tribünen beobachten, und es hieß, geschwind hinaufklettern, damit man sah, was jedes Pferd tat, und das Pferd sah, das hätte gewinnen können, und das nicht gewann, und warum nicht, und vielleicht sah man auch, wie es nicht tat, was es hätte tun können. Man verfolgte die Buchmachernotierungen und alle die wechselnden Quoten jedesmal, wenn ein Pferd lief, das einen interessierte, und man mußte wissen, wie es beim Training war, und schließlich in Erfahrung bringen, wann der Stall es mit ihm versuchen wollte. Es konnte bei dem Versuch immer noch geschlagen werden, aber mittlerweile wollte man wissen, wie seine Chancen waren. Es war eine mühselige Arbeit, aber es war herrlich in Auteuil jeden Tag, den man draußen sein konnte, und zu beobachten, wie sie liefen, und die einwandfreien Rennen mit erstklassigen Pferden zu sehen, und man lernte die Bahn so gut kennen wie irgendeinen Ort, den man jemals gekannt hatte. Schließlich kannte man viele Leute, Jockeys, Trainer und Pferdebesitzer, und zu viele Pferde und überhaupt zu vieles.

Im Prinzip setzte ich nur, wenn ich über ein Pferd Bescheid wußte, aber manchmal fand ich Pferde, an die niemand glaubte, außer den Leuten, die sie trainierten und ritten, und die ein Rennen nach dem anderen gewannen, und ich hatte auf sie gesetzt. Schließlich hörte ich auf, weil es zuviel Zeit kostete. Es nahm mich zu stark in Anspruch, und ich wußte zuviel über das, was in Enghien und auf den Flachrennbahnen vor sich ging.

Als ich mit meiner Arbeit auf den Rennplätzen aufhörte, war ich froh, aber es hinterließ eine Leere. Mittlerweise wußte ich, daß alles Gute und Schlechte, wenn es aufhört, eine Leere hinterließ. Aber wenn es schlecht war, füllte sich die Leere von selbst. Wenn es gut gewesen war, konnte man sie nur füllen, indem man etwas Besseres fand. Ich legte das Rennkapital zu unseren allgemeinen Reserven und fühlte mich entspannt und wohl.

An dem Tag, an dem ich die Pferderennen aufgab, ging ich hinüber auf die andere Seite des Flusses und besuchte meinen Freund Mike Ward am Pult der Reiseabteilung des Guaranty Trust, der damals auf dem Boulevard des Italiens an der Ecke der Rue des Italiens war. Ich zahlte unser Rennkapital ein, aber das erzählte ich niemandem. Ich trug es nicht in mein Bankbuch ein, aber ich behielt es im Kopf.

«Willst du essen gehen?» fragte ich Mike.

«Gewiß, mein Junge. Tja, ich kann. Was ist denn los? Gehst du nicht zum Rennen?»

«Nein.»

Wir aßen auf der Place Louvois in einem sehr guten, einfachen *bistro*, wo es einen wunderbaren Weißwein gab, zu Mittag. Jenseits des Platzes war die Bibliothèque Nationale.

«Du bist nie viel zum Rennen gegangen, Mike», sagte ich.

«Nein. Schon eine ganze Weile nicht.»

«Warum hast du es aufgegeben?»

«Ich weiß nicht», sagte Mike. «Doch. Natürlich weiß ich's. Irgendwas, worauf man Geld setzen muß, um einen Kitzel zu spüren, lohnt sich nicht anzusehen.»

«Gehst du gar nicht mehr raus?»

«Manchmal, um ein großes Rennen zu sehen. Eines mit erstklassigen Pferden.»

Wir strichen *pâté* auf das gute *bistro*-Brot und tranken den Weißwein.

«Hast du dich lange damit beschäftigt, Mike?»

«O ja.»

«Was siehst du dir an, was besser ist?»

«Radrennen.»

«Wirklich?»

«Man braucht dabei nicht zu setzen. Wirst ja sehen.»

«Die Rennbahn nimmt einem viel Zeit.»

«Zuviel Zeit. Nimmt dir deine ganze Zeit. Ich mag auch die Leute nicht.»

«Mich hat es sehr interessiert.»

«Bestimmt. Hast du gut abgeschnitten?»

«Ganz gut.»

«Es ist gut aufzuhören», sagte Mike.

«Ich habe aufgehört.»

«Ist schon schwierig», sagte Mike. «Hör mal, mein Junge, wir wollen irgendwann mal zum Radrennen gehen.»

Das war eine tolle neue Sache, von der ich wenig wußte. Aber wir fingen nicht gleich damit an. Das kam später. Später spielte es eine große Rolle in unserem Leben, als der erste Akt von Paris sein Ende gefunden hatte.

Aber lange Zeit über war es genug, einfach wieder in unserem Teil von Paris zurück zu sein und fort von der Rennbahn und auf unser eigenes Leben und unsere Arbeit zu setzen und auf die Maler, die wir kannten, und nicht zu versuchen, unseren Lebensunterhalt mit Wetten zu verdienen und es anders zu benennen. Ich habe viele Geschichten über Radrennen angefangen, aber habe nie eine geschrieben, die so gut ist, wie die Rennen sind, weder die in den gedeckten Hallen noch die auf den Freiluftbahnen und auf den Straßen. Aber ich werde das Vélodrome d'Hiver im rauchigen Licht des Nachmittags einfangen und die steil hochgezogene hölzerne Fahrbahn und das schwirrende Geräusch, das die Reifen auf dem Holz machten, wenn die Fahrer vorbeikamen, die Anstrengung und die verschiedene Taktik der Fahrer, wenn sie in die Kurven gingen und wieder herausschossen, jeder ein Teil seiner Maschine; ich werde die Magie des *demi-fond* einfangen, das Geräusch der Motorräder mit den hinten angebrachten Walzen, die die Schrittmacher waren, die ihre schweren Sturzhelme trugen und sich in ihren plumpen Lederanzügen zurücklehnten, um die ihnen folgenden Fahrer gegen den Luftwiderstand abzuschirmen – die tief über ihre Lenkstangen gebeugten Fahrer mit ihren leichteren Sturzhelmen, deren Füße die riesigen Kettenzahnräder drehten, während die kleinen Vorderräder die Walzen hinter der Maschine berührten, in deren Schutz sie fuhren, und die Duelle, die aufregender waren als alles andere, das Geknatter der Motorräder und die Fahrer Ellbogen an Ellbogen, Rad an Rad, rauf und runter und Runden drehend in tödlicher Geschwindigkeit, bis ein Mann das Tempo nicht halten konnte und zurückfiel und ihn die dichte Luftwand traf, gegen die er bisher geschützt war.

Es gab so viele Arten von Rennen. Die geraden Sprints, die in einzelnen Läufen gefahren wurden oder in Matchrennen, wo die zwei Fahrer lange Sekunden hindurch auf ihren Rädern balancierten, um den Vorteil zu haben, daß der andere Fahrer die Führung übernahm, und dann das langsame Kreisen und das endgültige Hineinstürzen in die reine Fahrgeschwindigkeit. Es gab die Programme mit den Mannschaftsrennen über zwei Stunden mit einer Serie reiner Sprints in den Wertungsläufen, um den Nachmittag auszufüllen, die einsamen, absoluten Geschwindigkeitsrennen, bei denen ein einzelner Mann über eine Stunde gegen die Uhr fuhr, die furchtbar gefährlichen und herrlichen Hundertkilometerrennen auf der steilkurvigen hölzernen Fünfhundertmeterschale des Stade Buffalo, dem Freiluftstadion in Montrouge, wo sie hinter großen Motorrädern um die Wette fuhren; Linart, der große belgische Champion, den sie wegen seines Profils ‹Sioux› nannten, der den Kopf senkte, um Sherry Brandy aus einem Gummischlauch zu saugen – der mit einer Art Wärmflasche unter seinem Renntrikot verbunden war –, wenn er es zum Schluß brauchte, um sein wüstes Tempo zu verstärken, und die Meisterschaften von Frankreich hinter schweren Maschinen auf der sechshundertsechzig Meter langen Betonbahn des Parc du Prince bei Auteuil, der niederträchtigsten Bahn von allen, wo wir den großen Fahrer Ganay stürzen sahen und hörten, wie sein Schädel unter dem Sturzhelm zerbrach wie ein hartgekochtes Ei, das man beim Picknick, um es zu schälen, gegen einen Stein schlägt. Ich muß von der seltsamen Welt der Sechstagerennen schreiben und den Wundern der Straßenrennen im Gebirge. Die einzige Sprache, in der man je angemessen darüber geschrieben hat, ist französisch, und die Fachausdrücke sind alle französisch,und das machte es schwer, darüber zu schreiben. Mike hatte damit recht: man braucht nicht zu wetten. Aber das gehört zu einer anderen Zeit in Paris.

Hunger war eine gute Disziplin

Man wurde sehr hungrig, wenn man in Paris nicht genug aß, weil alle Bäckereien so gute Sachen in der Auslage hatten, und die Leute im Freien an Tischen auf dem Bürgersteig aßen, so daß man das Essen sah und roch. Wenn man den Journalismus aufgegeben hatte und man nichts schrieb, was irgend jemand in Amerika kaufen wollte, und man zu Hause erklärt hatte, man würde mit jemandem außerhalb zu Mittag essen, ging man am besten in die Gärten des Luxembourg, wo man auf dem ganzen Weg von der Place de l'Observatoire bis zur Rue de Vaugirard nichts Eßbares sah und roch. Dort konnte man immer ins Luxembourg-Museum gehen, und alle Bilder waren schärfer und klarer und schöner, wenn man leerbäuchig und ausgehöhlt-hungrig war. Wenn ich hungrig war, lernte ich Cézanne erst richtig verstehen und wahrhaft sehen, wie er seine Landschaften machte. Ich fragte mich oft, ob er beim Malen auch hungrig gewesen war, aber ich dachte, vielleicht war er es nur, weil er das Essen

Ein Fest fürs Auge . . .

... ist nicht immer ein Fest für den Magen, wenn der so leer ist wie die Taschen. Wer in einer Stadt nur die Bänke und nicht auch die Banken aufsuchen kann, ist mitunter aufgesessen. Denn welche Stadt ist schon so schön, daß ihr Anblick alles ersetzte! Und selbst ein kombinierter Hunger- und Lebenskünstler braucht gelegentlich Geld. Ein Glück, wenn er's dann hat.

vergessen hatte. Es war einer jener unsinnigen, aber einleuchtenden Gedanken, die man hat, wenn man nicht geschlafen hat oder hungrig ist. Später dachte ich, Cézanne sei vielleicht auf andere Art und Weise hungrig gewesen.

Nachdem man aus dem Luxembourg herauskam, konnte man die schmale Rue Férou bis zur Place Saint-Sulpice hinuntergehen, und auch da gab es keine Restaurants, nur den stillen Platz mit seinen Bänken und Bäumen. Dort war ein Springbrunnen mit Löwen, und auf dem Bürgersteig spazierten Tauben umher und hockten auf den Statuen der Bischöfe. Dort war die Kirche, und auf der Nordseite des Platzes waren Geschäfte, in denen religiöse Gegenstände und Meßgewänder verkauft wurden.

Von diesem Platz aus konnte man nicht näher an den Fluß gelangen, ohne an Bäckereien und Konditoreien oder an Läden, wo Obst, Gemüse und Wein verkauft wurden, vorbeizukommen, aber wenn man seinen Weg sorgfältig wählte, konnte man sich rechts um die grau- und weißsteinige Kirche hinaufarbeiten und zur Rue de l'Odéon gelangen und rechts zur Buchhandlung von Sylvia Beach abbiegen, und auf diesem Weg kam man nicht an allzu vielen Geschäften vorbei, in denen Eßwaren verkauft wurden. In der Rue de l'Odéon waren keine Eßlokale, bis man zum Platz kam, wo es drei Restaurants gab.

Bis man die rue de l'Odéon 12 erreicht hatte, konnte man seinen Hunger zügeln, aber alle Wahrnehmungen waren wieder gesteigert. Die Fotografien sahen anders aus, und man sah Bücher, die man nie zuvor gesehen hatte.

«Sie sind zu dünn, Hemingway», würde Sylvia sagen. «Essen Sie auch genug?»

«Gewiß.»

«Was haben Sie zu Mittag gegessen?»

Mein Magen drehte sich um, und dann sagte ich: «Ich gehe jetzt nach Hause essen.»

«Um drei Uhr?»

«Ich wußte nicht, daß es so spät ist.»

«Adrienne sagte neulich abend, sie wolle Sie und Hadley zum Abendessen einladen. Wir wollten auch Fargue dazu bitten. Sie mögen Fargue doch, nicht wahr? Oder Larbaud? Den mögen Sie. Ich weiß, daß Sie ihn mögen. Oder irgend jemand, den Sie wirklich gern mögen. Wollen Sie mit Hadley sprechen?»

«Ich weiß, daß sie sehr gern kommen wird.»

«Ich schicke ihr ein *pneu*. Sie sollten jetzt nicht so intensiv arbeiten, wo Sie nicht ordentlich essen.»

«Tu ich auch nicht.»

«Jetzt gehen Sie mal nach Hause, ehe es zu spät zum Essen ist.»

«Man hebt's mir auf.»

«Und essen Sie auch nicht einfach kalt. Essen Sie eine gute warme Mahlzeit.»

«Hab ich irgendwelche Post gehabt?»

«Ich glaube nicht. Aber lassen Sie mich nachsehen.»

Sie sah nach und fand einen Zettel und blickte erfreut auf, und dann öffnete sie ein verschlossenes Schubfach in ihrem Schreibtisch.

«Dies kam, während ich aus war», sagte sie. Es war ein Brief, und er fühlte sich an, als ob Geld darin sei. «Wedderkop», sagte Sylvia.

«Es muß vom *Querschnitt* sein. Haben Sie Wedderkop gesehen?»

«Nein. Aber er war mit George hier. Er wird Sie aufsuchen. Machen Sie sich keine Gedanken. Vielleicht wollte er Ihnen erst das Geld geben.»

«Es sind 600 Francs. Er schreibt, es kommt mehr.»

«Ich bin schrecklich froh, daß Sie mich daran erinnert haben, nachzusehen. Der liebe ‹Herr Schrecklich Nett›.»

«Es ist verdammt komisch, daß Deutschland das einzige Land ist, wo ich was verkaufen kann. An ihn und die *Frankfurter Zeitung*.»

«Ja, nicht wahr? Aber machen Sie sich nur keine Sorgen. Sie können Ihre Geschichten an Ford verkaufen», zog sie mich auf.

«Dreißig Francs die Seite. Sagen wir eine Geschichte alle drei Monate in *The Transatlantic*. Eine Geschichte von fünf Seiten macht 150 Francs im Vierteljahr. 600 Francs im Jahr.»

«Aber, Hemingway. Machen Sie sich keine Gedanken darüber, was sie Ihnen jetzt einbringen. Wesentlich ist, daß Sie sie schreiben können.»

«Ich weiß, ich kann sie schreiben. Aber niemand will sie kaufen. Seit ich mit dem Journalismus Schluß gemacht habe, kommt kein Geld mehr rein.»

«Sie werden sich verkaufen. Sehen Sie mal, das Geld für eine haben Sie doch bereits hier.»

«Entschuldigen Sie, Sylvia. Verzeihen Sie, daß ich darüber gesprochen habe.»

«Ihnen verzeihen, wofür denn? Sprechen Sie ruhig darüber oder über sonst irgend etwas. Wissen Sie nicht, daß Schriftsteller immer nur über ihre Schwierigkeiten reden? Aber versprechen Sie mir, daß Sie sich nicht weiter sorgen und daß Sie genug essen werden.»

«Ich verspreche es.»

«Dann gehen Sie jetzt nach Hause und essen Ihr Mittagessen.»

Draußen auf der Rue de l'Odéon war ich von mir selbst angewidert, weil ich mich über all das beklagt hatte. Ich tat das, was ich tat, aus freien Stücken, und ich benahm mich dabei ganz töricht. Ich hätte ein großes Brot kaufen und es essen sollen, statt eine Mahlzeit auszulassen. Ich konnte die herrliche braune Kruste schmecken. Aber es ist trocken im Mund, wenn man nichts dazu trinkt. Du verfluchter Meckerer. Du dreckiger, falscher Heiliger und Märtyrer, sagte ich zu mir. Du hast aus eigenem Antrieb den Journalismus aufgesteckt. Du hast Kredit, und Sylvia hätte dir Geld geborgt. Hat sie häufig getan. Gewiß. Und das nächste wäre dann, daß man zu einem neuen Kompromiß bereit ist. Hunger ist gesund, und die Bilder sehen wirklich schöner aus, wenn man hungrig ist. Essen ist auch wunderbar, und weißt du, wo du jetzt sofort etwas essen wirst?

Bei *Lipp's* wirst du essen und auch trinken.

Zu *Lipp's* war es nicht weit, und jedes Lokal, an dem ich vorbeikam, das mein Magen ebenso schnell bemerkte wie meine Augen und meine Nase, machte den Weg zu etwas Besonderem und vergrößerte das Vergnügen. Es waren nur wenige Leute in der *brasserie*, und als ich mich auf die Bank setzte, gegen die Wand, mit dem Spiegel im Rücken und dem Tisch vor mir, und der Kellner mich frug, ob ich Bier haben wolle, bestellte ich Kartoffelsalat und ein *distingué*, den großen Glaskrug, der einen Liter faßt.

Das Bier war sehr kalt und trank sich wunderbar. Die *pommes à l'huile* waren fest und gut mariniert und das Olivenöl köstlich. Ich zermahlte etwas schwarzen Pfeffer über den Kartoffeln und tunkte das Brot in das Olivenöl. Nach dem ersten tiefen Zug Bier trank und aß ich sehr langsam. Als die *pommes à l'huile* alle waren, bestellte ich mir noch eine Portion und eine *cervelas*. Das war eine Wurst, wie eine große, dicke, in Hälften geschnittene Frankfurter, die mit einer vorzüglichen Senfsauce bedeckt war.

Ich wischte alles Öl und alles von der Sauce mit Brot auf und trank das Bier langsam, bis es nicht mehr so kalt war, und dann trank ich es aus und bestellte ein *demi* und sah zu, wie es abgezogen wurde. Es schien kälter als das *distingué*, und ich trank es zur Hälfte.

Ich fand, daß ich mir keine Sorgen gemacht hatte. Ich wußte, die Stories waren gut, und schließlich würde sie jemand zu Hause veröffentlichen. Als ich mit der Zeitungsarbeit Schluß machte, war ich sicher, daß die Stories veröffentlicht werden würden. Aber jede einzige, die ich wegschickte, kam zurück. Was mich so zuversichtlich gemacht hatte, war, daß Edward O'Brien die Story *Mein Alter* für sein Buch *Best Short Stories* angenommen und mir das Buch in diesem Jahr gewidmet hatte. Dann lachte ich und trank noch etwas Bier. Die Geschichte war nie in einer Zeitschrift veröffentlicht worden, und er hatte allen seinen Vorschriften zuwidergehandelt, als er sie für sein Buch annahm. Ich lachte wieder, und der Kellner warf mir einen flüchtigen Blick zu. Es war komisch, weil er nach alldem meinen Namen falsch buchstabiert hatte. Es war eine der beiden Geschichten, die übriggeblieben waren, nachdem alles, was ich geschrieben hatte, damals in Hadleys Reisetasche auf der Gare de Lyon gestohlen worden war, als sie mir die Manuskripte als Überraschung nach Lausanne mitbringen wollte, damit ich in unseren Ferien in den Bergen an ihnen arbeiten könne. Sie hatte die Originale, das Abgetippte und die Durchschläge alle in Hefter aus Manilahanf gelegt. Der einzige Grund, wieso ich die eine Geschichte noch hatte, war, daß Lincoln Steffens sie an einen Verleger geschickt hatte, der sie zurückschickte. Sie war unterwegs in der Post, während alles übrige gestohlen wurde. Die andere Story, die ich hatte, war die, die *Oben in Michigan* hieß, die ich geschrieben hatte, ehe Miss Stein zu uns in die Wohnung gekommen war. Ich hatte sie nie abschreiben lassen, weil sie sagte, sie sei *inaccrochable*. Sie hatte irgendwo in einer Schublade gelegen.

Nachdem wir also aus Lausanne abgereist und nach Italien hinuntergefahren waren, zeigte ich die Rennstory O'Brien, einem sanften, schüchternen Mann. Er war blaß, hatte blaßblaue Augen und glattes, schlichtes Haar, das er sich selbst schnitt, und lebte als Pensionär in einem Kloster oberhalb von Rapallo. Es war damals eine schlimme Zeit, und ich glaubte nicht, daß ich je wieder würde schreiben können, und ich zeigte ihm die Geschichte wie eine Kuriosität, wie man törichterweise jemandem das Kompaßhäuschen seines Schiffes zeigen würde, das auf ganz unglaubliche Weise untergegangen war, oder wie man seinen beschuhten Fuß hochheben und darüber einen Witz machen würde, nachdem er nach einem Unfall amputiert war. Dann sah ich, als er die Geschichte las, daß er viel schmerzlicher davon betroffen war als ich. Ich hatte nie jemanden gesehen, der von irgend etwas – abgesehen von Tod oder von unerträglichen Leiden – so schmerzlich betroffen war, mit Ausnahme von Hadley, als sie mir erzählte, daß alles weg sei. Sie hatte geweint und geweint und konnte es mir nicht erzählen. Ich sagte ihr, ganz gleich, was auch immer Schreckliches passiert sei, nichts könne so schlimm sein, und was immer es auch sei, es sei alles in Ordnung, und sie solle sich nicht grämen. Wir würden schon damit fertig werden. Schließlich erzählte sie es mir. Ich war davon überzeugt, daß sie nicht auch die Durchschläge hatte mitbringen wollen, und ich engagierte jemanden, der anstatt meiner Berichte an die Zeitung schicken würde. Damals verdiente ich sehr gut mit meinem Journalismus und nahm den Zug nach Paris. Es war tatsächlich wahr, und ich erinnere mich an das, was ich in der Nacht tat, nachdem ich die Wohnung betreten hatte und sah, daß es wahr war. Das war jetzt vorbei, und Chink hatte mich gelehrt, nie über Verluste zu sprechen, also sagte ich O'Brien, er solle sich nicht so grämen. Es sei wahrscheinlich gut für mich, daß die früheren Arbeiten verlorengegangen seien, und ich erzählte ihm all das Zeug, womit man Soldaten abspeist. Ich sagte, ich würde wieder anfangen, Stories zu schreiben, und als ich es sagte, wußte ich, obwohl ich nur zu lügen versuchte, damit er sich nicht so grämte, daß es wahr war.

Dann begann ich bei *Lipp's* daran zu denken, wie ich zum erstenmal wieder fähig gewesen war, eine Story zu schreiben, nachdem ich alles verloren hatte. Es war oben in Cortina d'Ampezzo, als ich zurückkam, um Hadley zu treffen, nachdem ich unser Frühjahrs-Skilaufen hatte unterbrechen müssen, weil man mich zur Berichterstattung ins Rheinland und ins Ruhrgebiet geschickt hatte. Es war eine sehr einfache Geschichte, die *Schonzeit* hieß, und ich hatte den wirklichen Schluß, daß sich der alte Mann erhängte, weggelassen. Ich hatte es wegen meiner neuen Theorie weggelassen, nach der man alles weglassen konnte, wenn man es bewußt tat, und das Weglassen die Geschichte verstärkte, und man die Leser dadurch mehr fühlen ließ, als sie verstanden.

Gut, dachte ich, jetzt habe ich sie so weit, daß sie sie nicht verstehen können. Darüber kann es kaum einen Zweifel geben. Es ist ganz gewiß keine Nachfrage für sie da. Aber man wird sie ebenso verstehen, wie man Malerei versteht. Es braucht nur Zeit, und man muß Vertrauen haben.

Es ist notwendig, sich besser in der Gewalt zu haben, wenn man sich mit dem Essen einschränken muß, damit man nicht zuviel an seinen Hunger denkt. Hunger ist eine gute Disziplin, und man lernt daraus. Und solange sie es nicht verstehen, bist du ihnen voraus. Aber gewiß doch, dachte ich. Ich bin ihnen jetzt so weit voraus, daß ich es mir nicht leisten kann, regelmäßig zu essen. Es wäre gar nicht schlecht, wenn sie ein bißchen aufholten.

Ich wußte, ich mußte einen Roman schreiben. Aber das schien mir ein Ding der Unmöglichkeit, da mir der Versuch nur mit großer Mühe gelang, Abschnitte zu schreiben, die die Essenz dessen waren, was einen Roman ausmachte. Jetzt war es notwendig, erst einmal längere Geschichten zu schreiben, so wie man für ein längeres Rennen trainieren würde. Als ich früher mal einen Roman geschrieben hatte, denjenigen, der mit der gestohlenen Reisetasche auf der Gare de Lyon verlorengegangen war, hatte ich noch die lyrische Leichtigkeit der Knabenzeit, die ebenso vergänglich und trügerisch ist wie die Jugend selbst. Ich wußte, es war wahrscheinlich gut, daß er verlorengegangen war, aber ich wußte auch, daß ich einen Roman schreiben mußte. Ich würde es jedoch hinausschieben, bis ich nicht mehr anders konnte. Verflucht noch mal, wenn ich einen schreiben würde, weil ich es tun sollte, damit wir regelmäßig zu essen hätten! Wenn ich ihn schreiben mußte, dann würde es das einzige sein, was ich tun konnte, und dann gab es keine Wahl. Laß den Druck zunehmen. Inzwischen würde ich eine lange Geschichte schreiben, über das, worüber ich am meisten wüßte.

Mittlerweile hatte ich die Rechnung bezahlt und war hinausgegangen und bog nach rechts ab und überquerte die Rue de Rennes, um nicht in die *Deux Magots* zu gehen und einen Kaffee zu trinken, und ging die Rue Bonaparte entlang auf dem kürzesten Wege nach Hause.

Wovon wußte ich am meisten, worüber ich noch nicht geschrieben hatte und was nicht verlorengegangen war? Was wußte ich wahrhaft und was ging mich zutiefst an? Es gab gar keine Wahl. Es gab nur die Wahl zwischen den Straßen, die mich auf dem schnellsten Weg dorthin brachten, wo ich arbeitete. Ich ging die Rue Bonaparte hinauf bis zur Rue Guynemer, dann zur Rue d'Assas und die Rue Notre-Dame-des-Champs hinauf bis zur *Closerie*.

Ich saß in einer Ecke, und das nachmittägliche Licht fiel über meine Schulter ein, und ich schrieb in mein Notizbuch. Der Kellner brachte mir einen *café crème*, und ich trank ihn halb aus, nachdem er abgekühlt war, und ließ ihn auf dem Tisch stehen, während ich schrieb. Als ich mit Schreiben aufhörte, wollte ich den Fluß nicht verlassen, in dem ich die Forellen in der Vertiefung sehen konnte und dessen Oberfläche gegen den Widerstand der eingerammten Holzpfähle der Brücke andrängte und leicht anschwoll. Die Geschichte handelte von der Heimkehr aus dem Krieg, aber der Krieg wurde in ihr nicht erwähnt.

Aber am Morgen würde der Fluß da sein, und ich mußte ihn und das Land machen, und alles, was geschehen würde. Viele Tage lagen vor mir, in denen ich das jeden Tag tun konnte. Nichts anderes war wichtig. In meiner Tasche war das Geld aus Deutschland, also gab es kein Problem. Wenn das verbraucht war, würde anderes Geld eingehen.

Alles, was ich jetzt tun mußte, war, gesund bleiben und einen klaren Kopf behalten, bis zum Morgen, bis ich wieder anfangen würde zu arbeiten.

Ford Madox Ford und des Teufels Schüler

Die *Closerie des Lilas* war das nächstgelegene gute Café, als wir in der Wohnung über der Sägemühle in der Rue Notre-Dame-des-Champs 113 wohnten, und es war eines der besten Cafés in Paris. Im

Winter war es drinnen warm, und im Frühling und Herbst war es draußen wunderbar mit den Tischen im Schatten der Bäume auf der Seite, wo das Denkmal des Marschalls Ney war, und an den vierekkigen Tischen unter den großen Markisen am Boulevard. Zwei der Kellner waren gute Freunde von uns. Leute aus dem *Dôme* und der *Rotonde* kamen nie in die *Closerie*. Hier war niemand, den sie kannten, und wenn sie gekommen wären, hätte sie niemand angestarrt. In jenen Tagen gingen viele Leute in die Cafés an der Ecke des Boulevard Montparnasse und des Boulevard Raspail, um von allen gesehen zu werden, und in gewisser Weise waren solche Cafés die Vorlagen der Klatschkolumnisten – täglicher Ersatz für die Unsterblichkeit.

Die *Closerie* war einst ein Café gewesen, wo Dichter sich mehr oder weniger regelmäßig trafen, und der letzte hervorragende Dichter war Paul Fort gewesen, von dem ich nie etwas gelesen hatte. Aber der einzige Dichter, den ich dort je sah, war Blaise Cendrars mit seinem zerschlagenen Boxergesicht und seinem hochgesteckten leeren Ärmel, wie er mit seiner einen guten Hand eine Zigarette rollte. Er war ein guter Kamerad, bis er zuviel trank, und zu jener Zeit war er, wenn er log, interessanter als manche Leute, die eine Geschichte wahrheitsgetreu erzählten. Aber er war der einzige Dichter, der zu jener Zeit in die *Closerie* kam, und ich habe ihn nur einmal dort gesehen. Die meisten Gäste waren ältliche, bärtige Männer in ziemlich abgetragenen Anzügen, die mit ihren Frauen oder Freundinnen kamen, und sie trugen oder trugen auch nicht schmale rote Bändchen der Légion d'Honneur an ihrem Rockaufschlag. Wir dachten hoffnungsvoll, es seien alles Wissenschaftler oder *savants*, und sie saßen beinahe so lange über einem Apéritif wie die Männer in schäbigeren Anzügen, die mit ihren Frauen oder Freundinnen bei einem *café crème* saßen und das purpurne Bändchen der Palmen der Akademie trugen, die nichts mit der Französischen Akademie zu tun hatte, und wir dachten, daß es Professoren oder Dozenten seien.

Diese Leute machten es zu einem behaglichen Café, da sie alle aneinander und ihren Drinks oder Kaffees oder Kräutertees interessiert waren und an den Zeitungen und Zeitschriften, die in Haltern befestigt waren, und keiner stellte sich großartig zur Schau.

Es gab auch andere Leute, die in dem Viertel wohnten, die in die *Closerie* kamen, und manche von ihnen trugen die Bändchen des Croix de Guerre an ihrem Rockaufschlag und andere hatten das gelbe und grüne der Médaille Militaire, und ich beobachtete, wie gut sie mit dem Handicap fehlender Gliedmaßen fertig wurden, und sah die Qualität ihrer künstlichen Augen und den Grad von Geschicklichkeit, mit dem ihre Gesichter wiederhergestellt waren. Man sah immer einen beinahe irisierend-schimmernden Abdruck auf den beträchtlich rekonstruierten Gesichtern, ähnlich einer gut festgetretenen Skipiste, und wir respektierten diese Gäste mehr als die *savants* oder die Professoren, obgleich die letzteren, auch ohne Verstümmelungen davonzutragen, ihrer Militärpflicht genügt haben mochten.

In jenen Tagen trauten wir keinem, der nicht im Krieg gewesen war, aber völlig trauten wir keinem, und man hatte das starke Gefühl, daß Cendrars vielleicht ein bißchen weniger mit seinem fehlenden Arm hermachen sollte. Ich war froh, daß er am frühen Nachmittag in der *Closerie* gewesen war, ehe Stammgäste gekommen waren.

An diesem Abend saß ich an einem Tisch draußen vor der *Closerie* und beobachtete das Vorbeiziehen der großen, langsamen Pferde von den äußeren Boulevards und wie das Licht auf den Blättern und auf den Häusern wechselte. Die Tür des Cafés hinter mir und zu meiner Rechten öffnete sich, und ein Mann kam heraus und ging auf meinen Tisch zu.

«Ach, hier sind Sie», sagte er.

Es war Ford Madox Ford, wie er sich damals nannte, er atmete schwer durch seinen dichten, fleckigen Schnurrbart und hielt sich aufrecht wie ein wandelnder, gut gekleideter, hochgestülpter Schweinskopf.

«Darf ich mich zu Ihnen setzen?» fragte er und setzte sich, und seine Augen, die von einem ausgewaschenen Blau waren, blickten unbestimmt unter farblosen Lidern und Augenbrauen auf den Boulevard hinaus.

«Ich habe allerhand Jahre meines Lebens damit verbracht, dafür zu sorgen, daß diese Viecher human geschlachtet werden», sagte er.

«Das haben Sie mir erzählt», sagte ich.

«Ich glaube nicht.»

«Ich bin ganz sicher.»

«Sehr seltsam. In meinem ganzen Leben habe ich das niemandem erzählt.»

«Wollen Sie etwas trinken?»

Der Kellner stand da, und Ford sagte ihm, er wolle einen *chambéry cassis* haben. Der Kellner war groß und dünn und trug ein paar Haarsträhnen über seinen kahlen Kopf gelegt und hatte einen starken, altmodischen Dragoner-Schnauzbart. Er wiederholte die Bestellung.

«Nein, lieber eine *fine à l'eau*», sagte Ford.

«Eine *fine à l'eau* für Monsieur.» Der Kellner bestätigte die Bestellung.

Ich hatte immer, wenn ich konnte, vermieden, Ford anzusehen, und in einem geschlossenen Raum hielt ich immer meinen Atem an, wenn ich in seiner Nähe war, aber wir waren an der frischen Luft, und die abgefallenen Blätter wirbelten auf dem Bürgersteig von meiner Seite des Tischs zu seiner hinüber, also sah ich ihn mir genau an, bereute es und blickte hinüber auf den Boulevard. Das Licht hatte wieder gewechselt, und ich hatte den Wechsel verpaßt. Ich trank einen Schluck Bier, um festzustellen, ob es durch sein Kommen schal geworden war, aber es schmeckte noch gut.

«Sie sind sehr mürrisch», sagte er.

«Nein.»

«Doch, das sind Sie. Sie müßten mehr rumkommen. Ich kam an Ihren Tisch ran, um Sie zu unseren kleinen Abenden aufzufordern, die wir in dem amüsanten Bal Musette nah von der Place Contrescarpe in der Rue Cardinal-Lemoine veranstalten.»

«Ich habe zwei Jahre lang direkt darüber gewohnt, ehe Sie dieses letzte Mal nach Paris kamen.»

«Wie seltsam. Sind Sie sicher?»

«Ja», sagte ich. «Ich weiß es genau. Der Mann, dem es gehörte, hatte ein Taxi, und wenn ich früh ein Flugzeug bekommen mußte, fuhr er mich zum Flughafen hinaus, und ehe wir nach dem Flugplatz aufbrachen, blieben wir an der Zinktheke vom Bal stehen und tranken ein Glas Weißwein in der Dunkelheit.»

«Ich habe mir nie etwas aus dem Fliegen gemacht», sagte Ford. «Sie und Ihre Frau sollten Sonnabendabend zum Bal Musette kommen. Es ist ganz lustig. Ich zeichne Ihnen einen Plan auf, damit Sie es finden können. Ich bin durch puren Zufall reingestolpert.»

«Es ist unten im Haus Rue Cardinal-Lemoine 74», sagte ich. «Ich habe im dritten Stock gewohnt.»

«Es hat keine Nummer», sagte Ford. «Aber Sie werden es schon finden, wenn Sie die Place Contrescarpe finden können.»

Ich trank noch einen langen Schluck. Der Kellner hatte Fords Getränk gebracht, und Ford wies ihn zurecht. «Ich wollte keinen Cognac mit Soda», sagte er behilflich, aber streng. «Ich habe einen *chambéry vermouth* und *cassis* bestellt.»

«Geht in Ordnung, Jean», sagte ich. «Ich nehme die *fine*. Bringen Sie Monsieur, was er jetzt bestellt hat.»

«Was ich bestellt hatte», verbesserte Ford.

In dem Augenblick ging ein ziemlich hagerer Mann, der ein Cape trug, auf dem Bürgersteig vorbei. Er war mit einer großen Frau, und er warf einen Blick auf unseren Tisch, und dann sah er weg und ging seines Wegs, den Boulevard hinunter.

«Sahen Sie, wie ich ihn geschnitten habe?» sagte Ford. «*Sahen* Sie, wie ich ihn geschnitten habe?»

«Nein. Wen haben Sie geschnitten?»

«Belloc», sagte Ford, «und *ob* ich ihn geschnitten habe!»

«Ich habe es nicht gesehen», sagte ich. «Warum haben Sie ihn geschnitten?»

«Aus jedem nur denkbaren Grunde», sagte Ford, «*habe* ich ihn durchgeschnitten, wie?»

Er war völlig und vollständig glücklich. Ich hatte Belloc noch nie gesehen, und ich glaube nicht, daß er uns gesehen hatte. Er sah wie ein Mann aus, der sich gerade etwas überlegt, und hatte fast automatisch unseren Tisch mit den Augen gestreift. Mir war es sehr unangenehm, daß Ford sich so grob gegen ihn benommen hatte, da ich ein junger Mann war, der gerade anfing sich zu bilden und großen Respekt vor ihm als älterem Schriftsteller hatte. Das ist jetzt unverständlich, aber in jenen Tagen war es etwas Selbstverständliches.

Ich dachte, wie nett es gewesen wäre, wenn Belloc an unserem Tisch stehengeblieben wäre und ich ihn kennengelernt hätte. Der Nachmittag war durch Ford verdorben worden, aber ich dachte, Belloc hätte es wettmachen können.

«Wozu trinken Sie Cognac?» fragte mich Ford. «Wissen Sie nicht, daß es für einen jungen Schriftsteller verhängnisvoll ist, wenn er mit Cognactrinken anfängt?»

«Das trinke ich nicht sehr oft», sagte ich. Ich versuchte mich an das zu erinnern, was mir Ezra Pound über Ford erzählt hatte, daß ich niemals grob zu ihm sein dürfe, daß ich im Sinn behalten müsse, daß er nur log, wenn er sehr müde war, daß er wirklich ein sehr guter Schriftsteller sei und daß er gerade sehr schlimme, häusliche Unannehmlichkeiten hinter sich hatte. Ich gab mir große Mühe, an all das zu denken, aber die krächzende, plumpe, widrige Gegenwart von Ford – ganz nah, auf Armeslänge – machte es schwierig. Doch ich versuchte es.

«Sagen Sie mir, warum man Leute schneidet?» fragte ich. Bisher hatte ich geglaubt, daß es etwas wäre, was nur in den Romanen der Ouida vorkäme. Ich war nie fähig gewesen, einen Roman der Ouida zu lesen, nicht einmal in irgendeinem Skiort in der Schweiz, wo der Lesestoff ausgegangen war, als der feuchte Südwind gekommen war und es nur die zurückgelassenen Tauchnitzausgaben von vor dem Kriege gab. Aber irgendein sechster Sinn sagte mir mit Bestimmtheit, daß sich die Leute in ihren Romanen schnitten.

Ford erklärte: «Ein Gentleman wird immer einen Schuft schneiden.»

Ich trank schnell einen Schluck Cognac.

«Würde er einen Strolch schneiden?»

«Ein Gentleman kann unmöglich einen Strolch kennen.»

«Dann kann man nur jemanden schneiden, mit dem man auf derselben Stufe gestanden hat?» setzte ich fort.

«Natürlich.»

«Wie kann man denn je einen Schuft kennenlernen?»

«Möglich, daß Sie's gar nicht wissen, oder der Bursche kann ein Schuft geworden sein.»

«Was ist ein Schuft?» fragte ich. «Ist es nicht jemand, den man um Haaresbreite totprügeln muß?»

«Nicht notwendigerweise», sagte Ford.

«Ist Ezra ein Gentleman?»

«Natürlich nicht», sagte Ford. «Er ist ein Amerikaner.»

«Kann ein Amerikaner nicht ein Gentleman sein?»

«Vielleicht John Quinn», erklärte Ford, «und gewisse amerikanische Botschafter.»

«Myron T. Herrick?»

«Möglicherweise.»

«War Henry James ein Gentleman?»

«Beinahe.»

«Sind Sie ein Gentleman?»

«Natürlich. Ich habe das Offizierspatent von Seiner Majestät erhalten.»

«Es ist sehr kompliziert», sagte ich. «Bin ich ein Gentleman?»

«Bestimmt nicht», sagte Ford.

«Warum trinken Sie dann mit mir?»

«Ich trinke mit Ihnen, weil Sie ein vielversprechender junger Schriftsteller sind. Sozusagen als Berufsgenosse.»

«Nett von Ihnen.»

«In Italien könnte man Sie für einen Gentleman halten», sagte Ford großmütig.

«Aber ich bin kein Schuft?»

«Natürlich nicht, mein Lieber. Wer hat je so etwas gesagt?»

«Ich könnte einer werden», sagte ich betrübt. «Schnapstrinken und all so was. Bei Trollope tat's das für Lord Harry Hotspur. Sagen Sie mir, war Trollope ein Gentleman?»

«Natürlich nicht.»

«Sind Sie sicher?»

«Es mag zwei Meinungen hierüber geben, nach meiner nicht.»

«War Fielding einer? Er war Richter.»

«Theoretisch vielleicht.»

«Marlowe?»

«Natürlich nicht.»

«John Donne?»

«Der war ein Pfaffe.»

«Das ist faszinierend», sagte ich.

«Ich freue mich, daß Sie Interesse hierfür haben», sagte Ford. «Ehe Sie gehen, will ich noch mit Ihnen eine *fine à l'eau* trinken.»

Nachdem Ford wegging, war es dunkel, und ich ging hinüber zu dem Kiosk und kaufte einen *Paris-Sport Complet*, die letzte Ausgabe der Rennzeitung mit den Ergebnissen von Auteuil und den Informationen für das Rennen am nächsten Tag in Enghien. Der Kellner Émile, der Jean abgelöst hatte, kam an meinen Tisch, um die letzten Resultate von Auteuil zu hören. Ein sehr guter Freund von mir, der selten in die *Closerie* kam, kam an meinen Tisch ran und setzte sich, und gerade da, als mein Freund etwas bei Émile zu trinken bestellen wollte, kam der hagere Mann im Cape mit der großen Frau an uns auf dem Bürgersteig vorbei. Sein Blick schweifte zu unserem Tisch hinüber und dann ins Weite.

«Das ist Hilaire Belloc», sagte ich zu meinem Freund. «Ford war heute nachmittag hier und hat ihn völlig geschnitten.»

«Sei kein Hornochse», sagte mein Freund. «Das ist Alestair Crowley, der Teufelsanbeter. Er soll der lasterhafteste Mensch der Welt sein.»

«Entschuldige», sagte ich.

Die Geburt einer Neuen Schule

Die Notizbücher mit den blauen Rücken, die zwei Bleistifte und der Bleistiftanspitzer (ein Taschenmesser war zu verschwenderisch), die Tische mit den Marmorplatten, der Geruch des frühen Morgens, des Ausfegens und Aufwischens und Glück, war alles, was du brauchtest.

Als Talisman trugst du eine Kastanie und eine Hasenpfote in der rechten Tasche. Das Fell von der Hasenpfote war schon lange abgeschabt, und die Knochen und Sehnen waren durchs Tragen poliert. Die Krallen ribbelten das Futter deiner Tasche auf, und du wußtest, dein Glück war noch da.

Manche Tage ging es so gut, daß du das Land vor dir hattest, daß du durch den Wald in es hineingehen konntest, um auf einer Lichtung herauszukommen und dich zu einer Anhöhe hinaufzuarbeiten und die Hügel jenseits der Ausbuchtung des Sees zu sehen. Eine Bleistiftspitze konnte in der kegelförmigen Öffnung des Bleistiftanspitzers abbrechen, und du benutztest die kleine Klinge des Taschenmessers, um sie herauszuholen, oder sonst spitztest du den Bleistift mit der scharfen Klinge sorgfältig an, und dann stecktest du deinen Arm durch das schweißgetränkte Leder des Rucksackriemens, um den Packen von neuem anzuheben, stecktest den anderen Arm durch, spürtest, wie sich das Gewicht auf deinem Rücken verlagerte, und spürtest die Fichtennadeln unter deinen Mokassins, wie du zum See hinunter aufbrachst.

Dann hörst du, wie jemand «Tag, Hem» sagt. «Was machst du denn da? Versuchst du im Café zu schreiben?»

Mit deinem Glück war es aus, und du machst dein Notizbuch zu. Das war das Schlimmste, was passieren konnte. Falls du dich beherrschen konntest, um so besser, aber ich konnte mich damals nicht gut beherrschen und sagte: «Du ekelhafter Hundsfott, was machst du denn hier? Geh doch in dein dreckiges Stammlokal.»

«Sei nicht so ausfallend, nur weil du dich wie ein Exzentriker aufführen willst.»

«Zieh ab mit deiner schmierigen Fresse.»

«Dies ist ein öffentliches Café. Ich habe hier ebensoviel Rechte wie du.»

«Warum gehst du nicht in die *Petite Chaumière*, wo du hingehörst?»

«Mein Gott, sei doch nicht so unausstehlich.»

Du konntest jetzt weggehen und hoffen, daß es nur ein zufälliger Besuch war und daß der Gast nur aufs Geratewohl hereingekommen war und es sich nicht um eine dauernde Landplage handeln würde. Es gab andere gute Cafés, in denen man arbeiten konnte, aber sie waren weit weg, und dies war mein Stammcafé. Es war schlimm, aus der *Closerie* verjagt zu werden. Ich mußte mich zur Wehr setzen und gehen. Es war wahrscheinlich klüger, wegzugehen, aber die Wut stieg in mir hoch und ich sagte: «Hör mal, ein Hundsfott wie du hat eine Menge Orte, wo er hingehen kann. Warum mußt du hierherkommen und ein anständiges Café verwanzen?»

«Ich wollte etwas trinken. Was stört dich daran?»

«Zu Hause würde man dich bedienen und dann das Glas zerbrechen.»

«Wo ist zu Hause? Klingt wie ein reizender Ort.»

Er saß am Nebentisch, ein großer, dicker junger Mann mit Brille. Er hatte ein Bier bestellt. Ich dachte, ich ignoriere ihn und sehe zu, ob ich schreiben kann. Also ignorierte ich ihn und schrieb zwei Sätze.

«Alles, was ich getan habe, war, mit dir zu reden.»

Ich machte weiter und schrieb noch einen Satz. Man kommt schwer davon los, wenn man wirklich im Zuge ist und man ganz dabei ist.

«Ich nehme an, du hältst dich jetzt für so bedeutend, daß niemand mit dir reden darf.»

Ich schrieb noch einen Satz, der den Absatz beendete, und las es durch. Es war immer noch gut, und ich schrieb den ersten Satz vom nächsten Absatz.

«Du denkst niemals an andere, und daß die vielleicht auch ihre Probleme haben.»

Mein ganzes Leben über hatte ich Klagen mitangehört. Ich merkte, daß ich weiterschreiben konnte und daß es nicht schlimmer war als andere Geräusche, bestimmt besser, als wenn Ezra Fagott spielen lernte.

«Nimm an, du möchtest Schriftsteller werden, und du spürst es in jedem Teil deines Körpers, und es würde einfach nicht kommen.»

Ich schrieb weiter, und jetzt fing ich an, Glück zu haben – noch obendrein.

«Nimm an, daß es einmal wie ein unwiderstehlicher Sturzbach kam und dich dann stumm und schweigsam zurückgelassen hat.»

Besser als stumm und lärmend, dachte ich und schrieb weiter. Er war jetzt in voller Fahrt, und die unglaublichen Sätze waren so beruhigend wie das Geräusch eines in der Sägemühle mißhandelten Brettes.

«Wir haben Griechenland* besucht», hörte ich ihn später sagen. Ich hatte ihn eine ganze Zeitlang nicht gehört außer als Geräusch. Ich hatte jetzt einen Vorsprung und konnte aufhören und morgen weitermachen.

«Hast du gesagt, benutzt oder besucht?»

«Sei nicht so ordinär», sagte er. «Möchtest du nicht, daß ich dir den Rest erzähle?»

«Nein», sagte ich und machte das Notizbuch zu und steckte es in meine Tasche.

«Interessiert es dich nicht, wie es ausging?»

«Nein.»

«Interessiert dich denn das Leben und das Leiden eines mitmenschlichen Wesens überhaupt nicht?»

«Deins nicht.»

«Du bist gemein.»

«Ja.»

«Ich dachte, du könntest mir helfen, Hem.»

«Ich würde dich gern erschießen.»

«Würdest du?»

* Bei Hemingway Wortspiel mit *Greece* und *grease* (= Griechenland und Fett)

«Nein. Es ist gesetzlich verboten.»
«Ich würde alles für dich tun.»
«Würdest du?»
«Natürlich würde ich.»
«Dann halte dich verdammt noch mal von diesem Café fern. Fang damit an.» Ich stand auf, der Kellner kam herüber, und ich bezahlte.
«Kann ich mit dir bis zur Sägemühle gehen, Hem?»
«Nein.»
«Gut. Ich spreche dich ein andermal.»
«Nicht hier.»
«Das ist ganz in Ordnung», sagte er. «Ich hab's versprochen.»
«Was schreibst du?» Ich machte den Fehler, ihn zu fragen.
«Ich schreibe, so gut wie ich kann. Genau wie du auch. Aber es ist so entsetzlich schwer.»
«Du solltest nicht schreiben, wenn du nicht schreiben kannst. Warum mußt du darüber jammern? Geh nach Hause. Such dir eine Arbeit. Häng dich auf, nur sprich nicht darüber. Du konntest nie schreiben.»
«Warum sagst du das?»
«Hast du dich mal reden hören?»
«Ich spreche vom Schreiben.»
«Dann halt die Klappe.»
«Du bist einfach grausam», sagte er. «Alle haben immer gesagt, daß du grausam bist und herzlos und eingebildet. Ich habe dich immer verteidigt. Aber von jetzt an nicht mehr.»
«Schön.»
«Wie kannst du zu einem Mitmenschen so grausam sein?»
«Ich weiß es nicht», sagte ich. «Sieh mal, wenn du schreiben kannst, warum lernst du nicht Kritiken schreiben?»
«Glaubst du, ich sollte?»
«Das wäre großartig», sagte ich zu ihm. «Dann kannst du immer schreiben. Dann brauchst du dir nie Gedanken darüber zu machen, daß es nicht kommt, daß du stumm und schweigsam bist. Die Leute werden es lesen und schätzen.»
«Glaubst du, daß ich ein guter Kritiker sein könnte?»
«Ich weiß nicht wie gut, aber ein Kritiker könntest du sein. Es wird immer Leute geben, die dir helfen werden, und du kannst deinen eigenen Leuten helfen.»
«Was meinst du mit meinen eigenen Leuten?»
«Die, mit denen du immer zusammen bist.»
«Ach, die haben ihre Kritiker.»
«Du brauchst ja nicht Bücher zu kritisieren», sagte ich. «Es gibt Bilder, Theaterstücke, Ballett, das Kino –»

«Das klingt ja ganz faszinierend, Hem. Dank dir sehr. Das ist ja aufregend. Es ist auch schöpferisch.»

«Schöpfungen sind wahrscheinlich überbewertet. Schließlich hat Gott die ganze Welt in sechs Tagen gemacht und sich am siebenten ausgeruht.»

«Natürlich gibt es nichts, was mich hindern könnte, auch schöpferisch zu schreiben.»

«Überhaupt nichts. Außer du setzt dir selbst unmöglich hohe Maßstäbe durch deine Kritik.»

«Die werden hoch sein. Darauf kannst du dich verlassen.»

«Davon bin ich überzeugt.»

«Ich glaub's schon, daß sie es sein werden.»

Er war bereits ein Kritiker, also fragte ich ihn, ob er etwas mit mir trinken wolle, und er nahm an.

«Hem», sagte er, und ich wußte, daß er jetzt ein Kritiker war, da sie bei jeder Unterhaltung deinen Namen eher an den Anfang eines Satzes stellen als ans Ende. «Ich muß dir sagen, ich finde deine Arbeit gerade ein bißchen zu starr.»

«Das ist schlimm.»

«Hem, es ist zu nackt, zu mager.»

«Pech.»

«Hem, zu starr, zu nackt, zu mager, zu sehnig.»

Schuldbeladen befühlte ich die Hasenpfote in meiner Tasche. «Ich werde versuchen, es etwas anzumästen.»

«Vorsicht, ich meine nicht korpulent.»

«Hal», sagte ich und übte mich, wie ein Kritiker zu sprechen. «Das werde ich vermeiden, so lange ich kann.»

«Ich freue mich, daß wir uns verstehen», sagte er mannhaft.

«Du denkst daran, nicht herzukommen, wenn ich arbeite?»

«Natürlich, Hem. Selbstverständlich. Ich werde jetzt mein eigenes Café haben.»

«Wie freundlich von dir.»

«Ich versuche es zu sein», sagte er.

Es wäre interessant und lehrreich, wenn sich aus dem jungen Mann ein berühmter Kritiker entwickelt hätte, aber es wurde nichts daraus, obschon ich eine ganze Zeitlang große Hoffnungen hatte.

Ich dachte nicht, daß er am nächsten Tag wiederkommen würde, aber ich wollte keinerlei Risiko laufen und beschloß, der *Closerie* einen Tag Ruhe zu gönnen. Am nächsten Morgen wachte ich früh auf, kochte die Gummisauger und die Flaschen aus, bereitete die Mischung, füllte alles in Flaschen, gab Mr. Bumby eine Flasche und arbeitete auf dem Eßtisch, bevor irgendwer außer ihm, F. Puss, der

Katze, und ich wach waren. Die beiden waren ruhige und gute Gesellschaft, und ich arbeitete besser, als ich je gearbeitet hatte. In jenen Tagen brauchtest du eigentlich gar nichts, nicht einmal eine Hasenpfote, aber es war gut, sie in der Tasche zu fühlen.

Mit Pascin im *Dôme*

Es war ein wunderschöner Abend, und ich hatte den ganzen Tag schwer gearbeitet und verließ die Wohnung über der Sägemühle und ging hinaus über den Hof mit dem aufgestapelten Bauholz, schloß die Tür, überquerte die Straße und ging durch die Hintertür in die Bäckerei, die auf den Boulevard Montparnasse hinausging und durch den guten Brotgeruch der Öfen und des Ladens hinaus auf die Straße. Das Licht in der Bäckerei brannte, und draußen ging der Tag zu Ende, und ich wanderte in der frühen Dämmerung die Straße hinauf und blieb vor der Terrasse des Restaurants *Nègre de Toulouse* stehen, wo unsere rot-weiß karierten Servietten in den hölzernen Serviettenringen in dem Serviettengestell darauf warteten, daß wir zum Essen kamen. Ich las das in lila Tinte vervielfältigte Menü und sah, daß es als *plat du jour* Cassoulet gab. Ich wurde hungrig, als ich das Wort las.

Monsieur Lavigne, der Besitzer, fragte, wie es mit meiner Arbeit ginge, und ich sagte, daß es sehr gut ginge. Er sagte, er hätte mich frühmorgens auf der Terrasse der *Closerie* arbeiten sehen, aber er habe mich nicht angesprochen, weil ich so beschäftigt gewesen sei.

«Sie sahen aus wie ein Mann, der allein im Dschungel ist», sagte er.

«Ich bin wie ein blindes Schwein, wenn ich arbeite.»

«Aber waren Sie nicht im Dschungel, Monsieur?»

«Im Busch», sagte ich.

Ich ging weiter die Straße hinauf, sah in die Schaufenster und war glücklich über den Frühlingsabend und die vorbeigehenden Leute. In den drei Hauptcafés sah ich Leute, die ich vom Sehen kannte, und andere, die ich gut genug kannte, um mit ihnen zu sprechen. Aber es gab immer viel netter aussehende Leute, die ich nicht kannte, die am Abend, wenn die Laternen gerade angezündet wurden, irgendeinem Lokal zueilten, um miteinander zu trinken, miteinander zu essen und dann miteinander ins Bett zu gehen. Die Leute in den Hauptcafés mochten das gleiche tun, aber sie mochten auch nur dasitzen und trinken und sich unterhalten und sich von anderen gern anschauen lassen. Die Leute, die mir gefielen, und die ich nicht kannte, gingen in die großen Cafés, weil sie sich in ihnen verloren und niemand sie beachtete, und sie konnten dort allein und zusammen sein. Damals waren die großen Cafés auch billig, und alle hatten gutes Bier, und die Apéritifs hatten vernünftige Preise, die deutlich auf den Untertassen, auf denen sie serviert wurden, angegeben waren.

An diesem Abend dachte ich diese gesunden, aber unoriginellen Gedanken und fühlte mich außerordentlich tugendhaft, weil ich gut und schwer an einem Tag gearbeitet hatte, an dem ich schrecklich gern zum Rennen gegangen wäre. Aber zu der Zeit konnte ich mir nicht leisten, zum Rennen zu gehen, obschon man dort Geld machen konnte, wenn man sich ernsthaft damit beschäftigte. Es war vor den Tagen der Speichelanalysen und anderer Methoden, um künstlich aufgekäscherte Pferde zu entlarven, und Dopen war ein sehr gebräuchliches Verfahren. Aber das Handicap der Tiere abzuschätzen, die Drogen bekamen, und auf dem Sattelplatz die Symptome festzustellen und nach deinen Wahrnehmungen zu handeln, die manchmal ans Übersinnliche grenzten, dann auf die Pferde Geld zu setzen, wo du dir nicht leisten konntest, es zu verlieren, das war nicht der Weg, auf dem ein junger Mann – der eine Frau und ein Kind zu erhalten hatte –, in seinem Ganztagsberuf, Prosa schreiben zu lernen, vorankommen konnte.

An jedem Lebensstandard gemessen waren wir noch sehr arm, und ich machte kleine Ersparnisse, indem ich sagte, ich sei zum Mittagessen eingeladen, und dann zwei Stunden in den Gärten des Luxembourg spazierenging und, wenn ich nach Hause kam, meiner Frau das fabelhafte Mittagessen beschrieb. Wenn man fünfundzwanzig ist und ein Schwergewichtler von Natur, macht einen der Ausfall einer Mahlzeit sehr hungrig. Aber es schärft auch alle Sinneswahrnehmungen, und ich fand, daß viele der Leute, über die ich schrieb, einen sehr starken Appetit hatten und großes Verständnis und Verlangen nach Essen, und die meisten freuten sich bereits auf einen Drink.

Im *Nègre de Toulouse* tranken wir den guten Cahors aus viertel, halben oder Literkaraffen und verdünnten ihn gewöhnlich zu einem Drittel mit Wasser. Zu Hause über der Sägemühle tranken wir einen korsischen Wein, der sehr blumig und billig war. Er war sehr korsisch, und selbst zur Hälfte mit Wasser verdünnt blieb er fruchtig. In Paris konnte man damals beinahe umsonst leben, und wenn man gelegentlich eine Mahlzeit ausließ und niemals neue Kleider kaufte, konnte man sparen und sich Luxusdinge leisten.

Ich kam vom *Select*, wo ich beim Anblick von Harold Stearns abgebogen war, der, wie ich wußte, über Pferde reden wollte. Über jene Tiere, an die ich selbstzufrieden und leichten Herzens als an die Biester dachte, denen ich gerade abgeschworen hatte. Meiner abendlichen Tugend voll, ging ich an der Kollektion der *Rotonde*-Insassen vorbei, verachtete Laster und Herdeninstinkt und überquerte den Boulevard zum *Dôme*. Das *Dôme* war auch überfüllt, aber dort saßen Leute, die gearbeitet hatten.

Dort gab es Modelle, die gearbeitet hatten, und dort gab es Maler, die gearbeitet hatten, bis das Licht schwand, und dort gab es Schriftsteller, die ihr Tageswerk wohl oder übel beendet hatten, und dort gab es Säufer und Typen, von denen ich manche kannte, und manche waren auch nur Dekoration.

Ich ging hinüber und setzte mich an einen Tisch zu Pascin und zwei Modellen, die Schwestern waren. Pascin hatte mir zugewinkt, während ich auf der Seite der Rue Delambre auf dem Trottoir stand und überlegte, ob ich hineingehen und etwas trinken sollte oder nicht. Pascin war ein sehr guter Maler, und er war betrunken, ständig, vorsätzlich betrunken, aber bei klarem Verstand. Die beiden Modelle waren jung und hübsch. Die eine war sehr dunkel, klein und wunderschön gewachsen, von trügerisch-zerbrechlicher Verworfenheit. Die andere war kindlich und dumm, aber sehr hübsch in einer vergänglichen, kindischen Art. Sie war nicht so gut gewachsen wie ihre Schwester, aber das war auch niemand sonst in jenem Frühling.

«Die gute und die böse Schwester», sagte Pascin. «Ich habe Geld. Was willst du trinken?»

«Une demi-blonde», sagte ich zu dem Kellner.

«Nimm einen Whisky. Ich habe Geld.»

«Ich mag Bier.»

«Wenn du wirklich gern Bier trinkst, wärst du bei *Lipp's*. Ich nehme an, du hast gearbeitet?»

«Ja.»

«Geht es?»

«Ich hoffe.»

«Gut. Das freut mich. Und alles schmeckt noch gut?»

«Ja.»

«Wie alt bist du?»

«Fünfundzwanzig.»

«Willst du sie bumsen?» Er blickte die Dunkle an und lächelte. «Sie braucht es.»

«Wahrscheinlich haben Sie sie heute genug gebumst?»

Sie lächelte mich mit geöffneten Lippen an. «Er ist schlimm», sagte sie. «Aber er ist nett.»

«Du kannst mit ihr rüber ins Atelier gehen.»

«Macht keine Ferkeleien», sagte die blonde Schwester.
«Wer hat mit dir gesprochen?» fragte sie Pascin.
«Niemand. Aber ich hab's gesagt.»
«Laßt uns gemütlich sein», sagte Pascin. «Der ernsthafte junge Schriftsteller und der freundliche, weise alte Maler und die zwei wunderschönen jungen Mädchen, die das ganze Leben vor sich haben.»
Wir saßen da, und die Mädchen nippten an ihren Getränken, und Pascin trank noch eine *fine à l'eau* und ich trank mein Bier, aber außer Pascin fühlte sich niemand gemütlich. Das dunkle Mädchen war ruhelos, sie saß zur Schau, wandte ihr Profil ab und ließ das Licht auf die konkaven Flächen ihres Gesichts fallen und zeigte mir ihre Brüste, die von dem schwarzen Sweater umspannt wurden. Ihr Haar war kurz geschnitten und glatt und dunkel wie das einer Orientalin.
«Du hast den ganzen Tag Modell gesessen», sagte Pascin zu ihr. «Mußt du jetzt hier im Café den Sweater vorführen?»
«Es macht mir Vergnügen», sagte sie.
«Du siehst wie ein javanisches Spielzeug aus.»
«Nicht die Augen», sagte sie. «Es ist schon etwas komplizierter.»
«Du siehst wie eine arme, verderbte *poupée* aus», sagte er.
«Vielleicht», sagte sie. «Aber ich bin lebendig. Das ist mehr, als du bist.»
«Das wollen wir noch sehen.»
«Schön», sagte sie. «Ich habe gern Beweise.»
«Hast du heute keine bekommen?»
«Ach das», sagte sie und drehte sich weg, um das letzte abendliche Licht auf ihrem Gesicht aufzufangen. «Du warst einfach erregt von deiner Arbeit. Er ist in seine Leinwände verliebt», sagte sie zu mir. «Da ist immer was Schmutziges bei.»
«Du willst, daß ich dich male und dich bezahle und dich bumse, um einen klaren Kopf zu haben, und auch noch in dich verliebt bin», sagte Pascin. «Du arme kleine Puppe.»
«Sie mögen mich, nicht wahr, Monsieur?»
«Sehr.»
«Aber Sie sind zu groß», sagte sie betrübt.
«Im Bett sind alle gleich groß.»
«Das ist nicht wahr», sagte die Schwester. «Und ich hab dieses Gerede satt.»
«Hör mal», sagte Pascin, «wenn du denkst, daß ich in die Leinwand verliebt bin, mal ich dich morgen in Wasserfarben.»
«Wann gehen wir essen?» fragte ihre Schwester. «Und wo?»
«Essen Sie mit uns?» fragte das dunkle Mädchen.

«Nein. Ich gehe mit meiner *le'gitime* essen.» So nannte man es damals. Heute sagt man «meine *régulière*».

«Müssen Sie gehen?»

«Muß und möchte.»

«Dann geh mal», sagte Pascin. «Und verlieb dich nicht in dein Schreibmaschinenpapier.»

«Wenn ich's tue, schreib ich mit 'nem Bleistift.»

«Morgen Wasserfarben», sagte er. «Gut, Kinderchen. Ich trinke noch einen, und dann essen wir, wo ihr wollt.»

«Chez Viking.»

«Ich auch», drängte die Schwester.

«Schön», stimmte Pascin zu. «Gute Nacht, *jeune homme*. Schlafen Sie gut.»

«Sie auch.»

«Die halten mich wach», sagte er. «Ich schlafe nie.»

«Schlafen Sie heute nacht.»

«Nach *Chez les Vikings*?» Er grinste, den Hut auf dem Hinterkopf. Er sah eher wie eine Broadwaytype der neunziger Jahre aus als der wunderbare Maler, der er war, und später, nachdem er sich erhängt hatte, erinnerte ich mich gern an ihn, wie er an jenem Abend im *Dôme* gewesen war. Man sagt, daß die Keime von dem, was wir tun werden, in uns allen sind, aber es schien mir immer, als ob bei jenen, die im Leben Spaß machen können, die Keime mit besserer Erde und hochwertigerem Dünger bedeckt waren.

Ezra Pound und sein Bel Esprit

Ezra Pound war stets ein guter Freund, und er tat stets etwas für andere. Das Studio in der Rue Notre-Dame-des-Champs, in dem er mit Dorothy, seiner Frau, wohnte, war ebenso ärmlich, wie das Studio von Gertrude Stein üppig war. Es hatte sehr gutes Licht und wurde von einem eisernen Ofen geheizt, und an den Wänden hingen Malereien von japanischen Künstlern, die Ezra kannte. Sie waren alle Edelleute in ihrer Heimat und trugen ihr Haar lang geschnitten. Ihr Haar glänzte und fiel nach vorn, wenn sie sich verneigten, und ich war sehr von ihnen beeindruckt, aber ihre Malereien gefielen mir nicht. Ich verstand sie nicht, aber sie bargen kein Geheimnis, und wenn ich sie verstand, bedeuteten sie mir nichts. Es tat mir leid – aber ich konnte nichts daran ändern.

Dorothys Bilder gefielen mir sehr gut, und ich fand, daß Dorothy wundervoll gewachsen und sehr schön war. Mir gefiel auch Ezras

Büste von Gaudier-Brzeska, und mir gefielen alle Fotografien von den Werken dieses Bildhauers, die mir Ezra in seinem Buch über ihn zeigte. Ezra gefiel auch die Malerei von Picabia, aber ich hielt sie damals für wertlos. Mir mißfielen auch die Bilder von Wyndham Lewis, die Ezra sehr gut gefielen. Ihm gefielen die Werke seiner Freunde, was wunderbar loyal ist, aber das Urteil verheerend beeinflussen kann. Wir diskutierten nie über diese Dinge, weil ich über Dinge, die ich nicht mochte, den Mund hielt. Ich dachte, wenn jemand die Bilder oder die Bücher seiner Freunde mochte, war es wahrscheinlich ebenso wie bei jenen Leuten, die ihre Familien mochten, und es war unhöflich, sie zu kritisieren. Manchmal hält man es eine ganze Weile aus, bis man seine eigene oder die angeheiratete Familie kritisiert, aber leichter ist es mit schlechten Malern, weil sie nichts Schreckliches tun und nicht wie die Familie persönlichen Schaden anrichten können. Bei schlechten Malern braucht man nur eines zu tun: nicht hinsehen. Aber selbst wenn man gelernt hat, die Familie weder anzusehen noch anzuhören, und man gelernt hat, Briefe nicht zu beantworten, kann einem die Familie auf vielerlei Art gefährlich werden. Ezra war gegen andere Menschen gütiger und christlicher, als ich es war. Seine eigene Schriftstellerei war, wenn sie ihm gelang, so vollkommen, und er war so aufrichtig, was seine Fehler betraf, und so verliebt in seine Irrtümer und so gütig zu anderen Menschen, daß ich immer an ihn als eine Art Heiligen dachte. Er war auch jähzornig, aber das waren wahrscheinlich viele Heilige.

Ezra wollte, daß ich ihm Boxen beibrächte, und als wir eines Nachmittags spät in seinem Studio trainierten, lernte ich Wyndham Lewis kennen. Ezra boxte noch nicht sehr lange, und mir war es peinlich, daß er vor irgend jemandem, den er kannte, arbeiten sollte, und ich bemühte mich darum, daß er einen möglichst guten Eindruck machte. Aber sehr gut war es nicht, weil er fechten konnte, und ich noch daran arbeitete, seine Linke zu seiner Boxhand zu machen und ihn den linken Fuß nach vorn setzen zu lassen und den rechten Fuß dann parallel dazu nachzuziehen. Es waren einfach Grundübungen. Es gelang mir nie, ihm beizubringen, einen linken Haken zu landen, und ihm beizubringen, die Rechte kurz zu halten, war der Zukunft vorbehalten.

Wyndham Lewis trug einen breitkrempigen schwarzen Hut wie eine Type aus dem Viertel und war wie jemand aus *La Bohème* gekleidet. Er hatte ein Gesicht, das mich an einen Frosch erinnerte, nicht an einen Ochsenfrosch, sondern irgendeinen beliebigen Frosch, und Paris war ein viel zu großer Tümpel für ihn. Zu jener Zeit fanden wir, daß Maler oder Schriftsteller jede beliebige Kleidung tragen konnten, die sie gerade besaßen, und daß es keine offizielle Uniform für Künstler gab; aber Lewis trug die Uniform eines Vorkriegskünstlers.

Es war peinlich, ihn zu sehen, und er beobachtete uns überheblich, während ich Ezras Linken auswich oder sie mit der offenen Rechten abfing.

Ich wollte, daß wir aufhörten, aber Lewis bestand darauf, daß wir weitermachten, und ich konnte sehen, wie er darauf wartete und hoffte, daß Ezra verletzt werden würde, da er nichts von dem verstand, was vor sich ging. Es geschah nichts. Ich konterte keinmal, sondern hielt Ezra in Bewegung, der auf mich losging und seine Linke vorstreckte und ein paar Rechte abschoß, und dann sagte ich, wir seien fertig, wusch mich mit Wasser aus einem Krug, rubbelte mich ab und zog mein Trikot an.

Wir tranken irgend etwas, und ich hörte zu, während sich Ezra und Lewis über Leute in London und Paris unterhielten. Ich beobachtete Lewis aufmerksam, ohne daß es den Anschein hatte, daß ich ihn ansah, so wie man es beim Boxen tut, und ich glaube nicht, daß ich je einen Menschen gesehen habe, der widerlicher aussah. Manche Menschen zeigen das Böse so deutlich, wie ein edles Rennpferd seine Rasse zeigt. Sie haben die Würde eines harten *chancre*. Lewis sah man das Böse nicht an; er sah einfach widerlich aus.

Auf dem Weg nach Hause versuchte ich festzustellen, woran er mich erinnerte, und es fiel mir verschiedenes ein. Alles medizinische Dinge bis auf Zehenkäse, und das war ein Jargonausdruck. Ich versuchte sein Gesicht zu zerlegen und es zu beschreiben, aber es gelang mir nur mit seinen Augen. Als ich sie zum erstenmal erblickte, waren seine Augen unter dem schwarzen Hut die eines erfolglosen Lustmörders gewesen.

«Ich habe heute den widerlichsten Mann kennengelernt, den ich je gesehen habe», erzählte ich meiner Frau.

«Tatie, erzähl mir nicht von ihm», sagte sie. «Bitte erzähl mir nicht von ihm. Wir wollen gleich essen.»

Ungefähr eine Woche danach traf ich Miss Stein und erzählte ihr, daß ich Wyndham Lewis getroffen hätte, und fragte sie, ob sie ihn je getroffen habe.

«Ich nenne ihn den Meßwurm», sagte sie. «Er kommt aus London herüber, und er sieht ein gutes Bild und nimmt seinen Bleistift aus der Tasche, und beobachten Sie mal, wie er mit dem Daumen an seinem Bleistift maßnimmt. Er visiert und mißt und sieht sich genau an, wie es gemacht ist. Dann fährt er nach London zurück und macht es, aber es gelingt nicht recht. Ihm ist entgangen, worauf es wirklich ankommt.»

Also dachte ich an ihn als den Meßwurm. Das war eine freundlichere und christlichere Bezeichnung als diejenige, die ich selbst für ihn im Sinn gehabt hatte. Später versuchte ich ihn zu mögen und mich mit ihm anzufreunden, wie ich es beinahe mit allen Freunden von Ezra tat, nachdem er mir ihr Wesen erklärt hatte. Aber so erschien er mir an dem Tag, als ich ihn in Ezras Studio kennenlernte.

Ezra war der großzügigste Schriftsteller, den ich je gekannt habe, und der uneigennützigste. Er half Dichtern, Malern, Bildhauern und Prosaschriftstellern, an die er glaubte, und er half jedem, wenn er in Schwierigkeiten war, ob er an ihn glaubte oder nicht. Er sorgte sich um alle, und zu der Zeit, als ich ihn kennenlernte, sorgte er sich am meisten um T. S. Eliot, der, wie mir Ezra erzählte, in einer Bank in London arbeiten mußte und deshalb nicht genügend Zeit und Muße hatte, um sich als Dichter zu betätigen.

Ezra gründete gemeinsam mit Miss Nathalie Barney, die eine reiche Amerikanerin und Schutzpatronin der Künste war, etwas, das sich Bel Esprit nannte. Miss Barney war mit Rémy de Gourmont, der vor meiner Zeit war, befreundet gewesen, und sie hielt an festen Tagen ‹Salon› in ihrem Haus, und in ihrem Garten hatte sie einen kleinen griechischen Tempel. Viele Amerikanerinnen und Französinnen mit genügend Geld hielten ‹Salon›, und mir wurde sehr bald klar, daß ich diesen fabelhaften Stätten fernbleiben sollte, aber ich glaube, Miss Barney war die einzige, die einen kleinen griechischen Tempel in ihrem Garten hatte.

Ezra zeigte mir die Broschüre für Bel Esprit, und Miss Barney hatte ihm erlaubt, den kleinen griechischen Tempel auf der Broschüre zu verwenden. Die Idee, die Bel Esprit zugrunde lag, war, daß wir alle einen Teil von dem, was wir verdienten, beisteuern sollten, um einen Fonds zu schaffen, so daß Mr. Eliot genug Geld haben würde, um die Bank verlassen zu können und Gedichte zu schreiben. Das schien mir eine gute Idee zu sein, und nachdem wir Mr. Eliot aus der Bank herausgeholt hatten, plante Ezra, daß wir genauso weitermachen sollten, um alle sicherzustellen.

Ich brachte die Dinge ein wenig durcheinander, indem ich immer statt von Eliot von Major Eliot sprach und vorgab, ihn mit Major Douglas zu verwechseln, einem Nationalökonom, für dessen Ideen sich Ezra sehr begeisterte. Aber Ezra begriff, daß ich mein Herz auf dem rechten Fleck hatte und daß ich voller Bel Esprit war, selbst wenn es ihn ärgerte, daß ich von meinen Freunden Gelder erbat, um den Major Eliot aus der Bank herauszuholen, und irgend jemand fragte dann auch bestimmt, was ein Major überhaupt in einer Bank zu tun habe, und wenn er von der Heeresverwaltung abgesägt worden sei, ob er denn keine Pension bekäme oder zumindest eine Abfindung.

In solchen Fällen erklärte ich dann meinen Freunden, daß dies alles völlig belanglos sei. Entweder man hätte Bel Esprit oder man hätte keinen. Wenn man ihn hätte, würde man Geld zeichnen, um den Major aus der Bank herauszuholen. Wenn man keinen hätte, sei das sehr bedauerlich. Verstünden sie denn nicht die Bedeutung des kleinen griechischen Tempels? Nein? Das hatte ich mir gedacht. Schlimm, schlimm, mein Lieber. Behalt dein Geld. Das nehmen wir nicht.

Als Mitglied von Bel Esprit setzte ich mich energisch ein, und in jenen Tagen sah ich in meinen glücklichsten Träumen den Major als freien Mann aus der Bank schreiten. Ich kann mich nicht erinnern, wieso Bel Esprit schließlich einging, aber ich glaube, es hatte etwas mit der Veröffentlichung von *«Das wüste Land»* zu tun, das dem Major den *Dial*-Preis einbrachte; und nicht lange danach finanzierte eine adlige Dame eine Zeitschrift für Eliot, die *The Criterion* hieß, und Ezra und ich brauchten uns seinetwegen keine Sorgen mehr zu machen. Ich glaube, der kleine griechische Tempel steht noch in dem Garten. Es blieb immer eine Enttäuschung für mich, daß es uns nicht gelungen war, den Major allein durch Bel Esprit aus der Bank herauszuholen, da ich mir in meinen Träumen vorgestellt hatte, daß er vielleicht kommen würde, um in dem kleinen griechischen Tempel zu wohnen, und daß ich womöglich mit Ezra hingehen konnte, um bei ihm vorzusprechen und ihn mit Lorbeer zu krönen. Ich wußte, wo es schönen Lorbeer gab, den ich pflücken konnte; ich würde auf meinem Rad hinausfahren und ihn holen, und ich dachte, daß wir ihn jederzeit krönen könnten, wenn er sich einsam fühlte oder wenn Ezra das Manuskript oder die Fahnen eines zweiten großen Gedichtes wie *»Das wüste Land»* durchgesehen hatte. Das Ganze wirkte sich für mich wie so viele Dinge moralisch schlecht aus, weil ich das Geld, das ich dafür bestimmt hatte, um den Major aus der Bank herauszuholen, mit hinaus nach Enghien nahm und es auf Springpferde setzte, die unter dem Einfluß von Stimulantien liefen. Bei zwei Rennen schlugen die gedopten Pferde, auf die ich gesetzt hatte, die nicht gedopten oder unzureichend gedopten Viecher, bis auf ein Rennen, in dem unser Favorit derart überstimuliert war, daß er vor dem Start den Jockey abwarf, ausbrach und eine ganze Runde der Hindernisbahn allein absolvierte und wunderbar sprang, so wie man manchmal im Traum springen kann. Man fing das Pferd ein, der Jockey bestieg es zum zweitenmal, es startete und belegte einen Ehrenplatz, wie der französische Rennausdruck dafür lautet, aber es gab kein Geld. Mir wäre wohler gewesen, wenn die

Einsatzsumme Bel Esprit zugefallen wäre, der nicht mehr existierte. Aber ich tröstete mich damit, daß ich mit den Einsätzen, die sich so vermehrt hatten, dem Bel Esprit viel mehr hätte zukommen lassen können, als es meine ursprüngliche Absicht gewesen war.

Ein merkwürdiges Ende

Es war merkwürdig genug, wie es mit Miss Stein endete. Wir hatten uns sehr angefreundet, und ich hatte ihr eine Reihe praktischer Dienste geleistet, zum Beispiel erreicht, daß Ford ihr dickes Buch in Fortsetzungen zu veröffentlichen begann; und ich half ihr, das Manuskript abzutippen und Korrektur zu lesen, und wir wurden bessere Freunde, als ich es je hätte wünschen können. Freundschaften zwischen Männern und bedeutenden Frauen haben wenig Zukunft, obgleich sie äußerst erfreulich sein können, solange sie nicht zu- oder abnehmen, und gewöhnlich haben Freundschaften mit wirklich ehrgeizigen Schriftstellerinnen noch weniger Zukunft. Einmal, als ich eine ganze Zeitlang nicht in der Rue Fleurus 27 vorgesprochen hatte und mich damit entschuldigte, ich hätte nicht gewußt, ob Miss Stein zu Hause sei, sagte sie: «Aber Hemingway, Sie sind doch hier Herr im Haus. Wissen Sie das nicht? Ich meine das aufrichtig. Kommen Sie jederzeit, und das Mädchen –» sie nannte sie bei Namen, aber ich habe ihn vergessen – «wird sich um Sie kümmern, und Sie müssen sich's behaglich machen, bis ich komme.»

Ich mißbrauchte dies nicht, aber manchmal sprach ich vor, und das Mädchen pflegte mir einen Drink zu geben, und ich betrachtete die Bilder, und wenn Miss Stein nicht erschien, bedankte ich mich bei dem Mädchen, hinterließ eine Bestellung und ging fort. Miss Stein und ihre Gesellschafterin machten Vorbereitungen, um in Miss Steins Auto in den Süden zu fahren, und an diesem Tag hatte mich Miss Stein gebeten, vormittags vorbeizukommen, um auf Wiedersehen zu sagen. Sie hatte uns aufgefordert, sie zu besuchen – Hadley und ich sollten als ihre Gäste im Hotel wohnen –, aber Hadley und ich hatten andere Pläne und vor, an andere Orte zu fahren. Natürlich sagt man nichts davon, sondern hofft, hin zu können, aber dann ist es leider unmöglich. Ich wußte sehr wenig über das System, andere Leute nicht zu besuchen. Ich hatte noch viel zuzulernen. Viel später erzählte mir Picasso, daß er den reichen Leuten, wenn sie ihn einluden, immer versprach, zu kommen, weil es sie so glücklich machte, und dann kam etwas dazwischen, und es war ihm unmöglich zu kommen. Aber das hatte nichts mit Miss Stein zu tun; er sprach von anderen Leuten.

Es war ein schöner Frühlingstag, und ich ging von der Place de l'Observatoire durch den kleinen Luxembourg. Die Kastanienbäume standen in Blüte, und viele Kinder spielten auf den Kieswegen, während ihre Kinderfrauen auf den Bänken saßen, und ich sah Ringeltauben in den Bäumen und hörte andere, die ich nicht sehen konnte.

Das Mädchen öffnete die Tür, noch ehe ich klingelte, und hieß mich hereinkommen und warten. Miss Stein würde jeden Augenblick herunterkommen. Es war noch vor Mittag, aber das Mädchen goß mir ein Glas *eau de vie* ein, gab es mir in die Hand und zwinkerte mir vergnügt zu. Der farblose Alkohol fühlte sich gut auf der Zunge an, und ich hatte ihn noch im Munde, als ich jemanden mit Miss Stein sprechen hörte, wie ich noch nie einen Menschen mit einem anderen Menschen hatte sprechen hören; nie und nirgends.

Dann hörte man Miss Steins Stimme entschuldigend und bettelnd sagen: «Nicht, Katzi. Nicht. Nicht, bitte nicht. Ich werde alles tun, Katzi, aber bitte tu es nicht. Bitte nicht. Bitte nicht, Katzi.»

Ich schluckte den Alkohol hinunter und stellte das Glas auf den Tisch und ging auf die Tür zu. Das Mädchen winkte mir und flüsterte: «Gehen Sie nicht. Sie kommt sofort herunter.»

«Ich muß gehen», sagte ich und versuchte beim Weggehen, nicht noch mehr zu hören, aber es ging immer weiter, und die einzige Möglichkeit, nichts mehr zu hören, war, nicht mehr da zu sein. Es war schlimm, es mitanzuhören, und die Antworten wurden schlimmer.

Im Hof sagte ich zu dem Mädchen: «Bitte sagen Sie, daß ich im Hof war und Sie getroffen habe. Daß ich nicht warten konnte, weil einer meiner Freunde krank ist. Wünschen Sie ihr gute Reise von mir. Ich werde schreiben.»

«*C'est entendu, Monsieur.* Wie schade, daß Sie nicht warten können.»

«Ja», sagte ich. «Wie schade.»

Auf diese Art endete es für mich, dumm genug, obgleich ich ihr noch all die kleinen Dienste erwies, mich gegebenenfalls bei ihr einfand, Leute hinbrachte, die sie sprechen wollte, und mit den meisten anderen männlichen Freunden auf meine Entlassung wartete, als jene Zeit kam und die neuen Freunde einzogen. Es war traurig, neue, wertlose Bilder zwischen den großartigen Bildern hängen zu sehen, aber das machte keinen Unterschied mehr. Wenigstens nicht für mich. Sie verzankte sich beinahe mit allen von uns, die sie gern hatten, außer mit Juan Gris, und mit ihm konnte sie sich nicht zanken, weil er tot war. Ich weiß nicht, ob es ihm viel ausgemacht hätte, weil er jenseits von all dem war – das zeigte sich in seinen Bildern.

Schließlich zankte sie sich auch mit den neuen Freunden, aber keiner von uns verfolgte das mehr. Sie sah mehr und mehr wie ein römischer Kaiser aus, und das war großartig für die, die es mochten, wenn ihre Frauen wie römische Kaiser aussahen. Aber Picasso hatte sie gemalt, und ich konnte mich an sie erinnern, als sie wie eine Frau aus Friaul aussah.

Am Ende freundeten sich alle oder nicht ganz alle wieder an, um nicht mufflig oder rechthaberisch zu sein. Ich tat es auch, aber ich konnte mich niemals aufrichtig wieder anfreunden, weder gefühlsmäßig noch verstandesmäßig. Das Schlimmste ist, wenn einen der Verstand hindert, von neuem Freundschaften zu schließen. Aber es war noch viel komplizierter.

Der Mann, der vom Tode gezeichnet war

An dem Nachmittag, an dem ich Ernest Walsh, den Dichter, in Ezras Atelier kennenlernte, war er mit zwei Mädchen in langen Nerzmänteln dort, und ein langer, glänzender Mietwagen vom *Claridge* mit einem uniformierten Chauffeur stand draußen auf der Straße. Die Mädchen waren Blondinen, und sie hatten auf demselben Schiff wie Walsh den Ozean überquert. Das Schiff war den Tag zuvor angekommen, und er hatte sie mitgenommen, um Ezra zu besuchen.

Ernest Walsh war dunkel, heftig, makellos irisch, poetisch und deutlich vom Tode gezeichnet, wie ein Typ in einem Film vom Tode gezeichnet ist. Er unterhielt sich mit Ezra, und ich unterhielt mich mit den Mädchen, die mich fragten, ob ich Mr. Walshs Gedichte gelesen hätte. Ich hatte sie nicht gelesen, und eine von ihnen brachte ein grün broschiertes Exemplar von Harriet Monroes *Poetry. A Magazine of Verse* zum Vorschein und zeigte mir darin Gedichte von Walsh.

«Er bekommt zwölfhundert Dollar pro Stück», sagte sie.

«Für jedes Gedicht», sagte das zweite Mädchen.

Meiner Erinnerung nach bekam ich von derselben Zeitschrift zwölf Dollar die Seite, wenn nicht weniger. «Er muß ein sehr großer Dichter sein», sagte ich.

«Das ist mehr als Eddie Guest bekommt», erzählte mir das erste Mädchen.

«Es ist mehr als – wie heißt der andere Dichter noch – bekommt?

Du weißt schon.»
«Kipling», sagte ihre Freundin.
«Es ist mehr, als irgendwer je bekommt», sagte das erste Mädchen.
«Werden Sie sehr lange in Paris bleiben?» fragte ich sie.
«Ach nein. Eigentlich nicht. Wir sind mit Freunden hier.»
«Wissen Sie, wir sind mit dem Schiff herübergekommen. Aber es war eigentlich kein Mensch darauf. Natürlich war Mr. Walsh darauf.»
«Spielt er nicht Karten?» fragte ich.
Sie sah mich enttäuscht, aber verständnisvoll an.
«Nein. Das hat er nicht nötig. Nicht, wenn man Gedichte schreiben kann, wie er sie schreibt.»
«Mit welchem Schiff fahren Sie zurück?»
«Das kommt ganz darauf an. Es hängt von den Schiffen ab und von einer Menge anderer Dinge. Fahren Sie zurück?»
«Nein. Ich komme hier ganz gut zurecht.»
«Dies hier ist wohl so etwas wie das Armenviertel, nicht wahr?»
«Ja, aber es ist recht annehmbar. Ich arbeite in den Cafés, und ich bin draußen auf der Rennbahn.»
«Können Sie in diesem Anzug zum Rennen gehen?»
«Nein. Das ist mein Café-Aufzug.»
«Es ist irgendwie reizend», sagte das eine Mädchen. «Ich würde gern etwas von dem Leben im Café sehen. Du nicht auch, Liebes?»
«Ja, doch», sagte das andere Mädchen. Ich schrieb ihre Namen in meinem Adreßbuch nieder und versprach, sie im *Claridge* anzurufen. Es waren nette Mädchen, und ich sagte ihnen und Ezra und Walsh Lebewohl. Walsh redete immer noch auf Ezra ein.
«Vergessen Sie es nicht», sagte das größere Mädchen.
«Wie könnte ich?» sagte ich zu ihr und schüttelte beiden noch einmal die Hand.

Das nächste, was mir Ezra von Walsh erzählte, war, daß er von einigen Poesieliebhaberinnen und von einigen jungen Dichtern, die vom Tode gezeichnet waren, aus dem *Claridge* ausgelöst worden sei, und das nächste, ziemlich kurz danach, daß er von anderer Seite eine finanzielle Unterstützung erhalte und dabei war, als Mitherausgeber eine neue Vierteljahreszeitschrift zu gründen.

Zu der Zeit setzte *Dial*, eine amerikanische literarische Zeitschrift, die Scofield Thayer herausgab, alljährlich einen Preis von, ich glaube, tausend Dollar für die vollkommenste, literarische Leistung eines ihrer Mitarbeiter aus. Das war in jenen Tagen für einen ehrlichen Schriftsteller eine Riesensumme, ganz abgesehen von dem Prestige, und die Auszeichnung war bereits verschiedenen Leuten zuteil geworden, die sie natürlich alle verdient hatten. Zwei Menschen konnten damals in Europa gut und bequem von fünf Dollar pro Tag leben – und reisen.

Von der Vierteljahreszeitschrift, deren einer Herausgeber Walsh war, wurde behauptet, daß sie nach den ersten vier Nummern dem Mitarbeiter, dessen Beitrag man für den besten hielt, eine beträchtliche Summe zuerkennen würde.

Ob diese Nachricht durch Klatsch oder Gerüchte verbreitet worden war, oder ob es eine Frage persönlichen Vertrauens war, läßt sich nicht sagen. Hoffen und glauben wir weiter, daß es in jeder Hinsicht völlig ehrenhaft zugegangen ist. Bestimmt konnte man niemals Walshs Mitherausgeberin etwas vorwerfen oder unterstellen. Nicht lange nachdem mir Gerüchte über diese angebliche Auszeichnung zu Ohren gekommen waren, lud mich Walsh zum Mittagessen ein, und zwar in das beste und teuerste Lokal des Boulevard Saint-Michel-Viertels, und nach den Austern, teuren, flachen, leicht kupfrigen *marennes*, nicht den üblichen tiefen, billigen *portugaises*, und einer Flasche Pouilly Fuissé kam er behutsam darauf zu sprechen. Allem Anschein nach schwindelte er mir etwas vor, so wie er den beiden Lockvögeln auf dem Schiff etwas vorgeschwindelt hatte, falls es überhaupt Lockvögel waren und falls er ihnen wirklich etwas vorgeschwindelt hatte, und als er mich fragte, ob ich noch ein Dutzend von den flachen Austern, wie er sie nannte, essen wollte, sagte ich, daß ich sie mit Vergnügen essen würde. Er gab sich mir gegenüber keine Mühe, wie vom Tode gezeichnet auszusehen, und das war eine Erleichterung. Er wußte, daß ich wußte, daß er Tb hatte, und zwar die Tb, an der man damals starb, und wie schlimm es war, und er ersparte sich die Mühe, bei Tisch zu husten, und ich war dankbar dafür. Ob er wohl die flachen Austern aus demselben Grund aß, wie die Huren in Kansas City, die, vom Tode und faktisch von allem übrigen gezeichnet waren, immer Sperma als bestes Heilmittel gegen die Tb schlucken wollten? Aber ich fragte ihn nicht. Ich fing mit dem zweiten Dutzend flacher Austern an, nahm sie von dem silbernen Teller, von ihrem Lager von zerstampftem Eis, beobachtete ihre unglaublich zarten braunen Ränder, wie sie reagierten und sich zusammenzogen, als ich Zitronensaft auf sie träufelte und den Schließmuskel von der Muschel loslöste und sie abhob, um sie bedächtig herunterzuschlucken.

«Ezra ist ein großer, großer Dichter», sagte Walsh und blickte mich mit seinen eigenen dunklen Dichteraugen an.

«Ja», sagte ich, «und ein feiner Mensch.»

«Edel», sagte Walsh. «Wahrhaft edel.» Wir saßen und tranken schweigend, um Ezras Edelmut Tribut zu zollen. Ich vermißte Ezra und wünschte, er wäre da. Auch er konnte sich keine *marennes* leisten.

«Joyce ist groß», sagte Walsh. «Groß. Groß.»

«Groß», sagte ich. «Und ein guter Freund.» In der wunderbaren Periode, nachdem er seinen *Ulysses* beendet hatte, und ehe er mit dem begann, was lange Zeit *Work in Progress* hieß, waren wir Freunde geworden. Ich dachte an Joyce und erinnerte mich an viele Dinge.

«Ich wünschte, seine Augen wären besser», sagte Walsh.

«Wünscht er auch», sagte ich.

«Das ist die Tragödie unserer Zeit», sagte Walsh zu mir.

«Jedem fehlt irgendwas», sagte ich und versuchte, unser Lunch etwas aufzuheitern.

«Ihnen doch nicht.» Er ließ seinen ganzen Charme und mehr auf mich los, und dann gab er sich wieder wie vom Tode gezeichnet.

«Meinen Sie, ich bin nicht vom Tode gezeichnet?» fragte ich. Ich konnte nicht anders.

«Nein. Sie sind vom LEBEN gezeichnet.» Er setzte das Wort in Großbuchstaben.

«Geben Sie mir Zeit», sagte ich.

Er wollte ein schönes blutiges Steak, und ich bestellte zwei Tournedos mit Sauce Béarnaise. Ich dachte, Butter würde gut für ihn sein.

«Wie wär's mit einem Rotwein?» fragte er. Der *sommelier* kam, und ich bestellte Châteauneuf du Pape. Ich würde ihn mir nachher auf den Quais wieder ablaufen. Er konnte ihn ausschlafen oder tun, was er wollte. Ich konnte mit meinem auch irgendwohin gehen, dachte ich.

Es kam, als wir mit dem Steak und den Pommes frites fertig waren und unseren Châteauneuf du Pape zu zwei Dritteln geleert hatten.

«Es hat keinen Sinn, wie die Katze um den heißen Brei zu gehen», sagte er. «Sie wissen wohl, daß Sie die Auszeichnung bekommen, nicht wahr?»

«Wirklich?» sagte ich. «Warum?»

«Sie werden sie bekommen», sagte er. Er fing an, über meine Arbeit zu reden, und ich hörte auf, zuzuhören. Mir wurde übel, wenn Leute mir ins Gesicht von meiner Arbeit redeten, und ich blickte ihn an und seine vom Tode gezeichnete Miene, und ich dachte, du Schwindler, du beschwindelst mich mit deiner Schwindsucht. Ich habe ein Bataillon im Staub der Landstraße gesehen, ein Drittel dem Tode oder Schlimmerem bestimmt – und keine besonderen Merkmale an ihnen, der Staub für alle, und du mit deiner vom Tode gezeichneten Miene, du Schwindler, machst aus deinem Tod deinen Lebensunterhalt. Jetzt wirst du mich beschwindeln.

Schwindle nicht, damit du nicht beschwindelt wirst. Der Tod beschwindelte ihn nicht. Er kam schon.

«Ich finde nicht, daß ich es verdiene, Ernest», sagte ich und genoß es, ihn mit meinem eigenen Namen, den ich haßte, anzureden. «Außerdem, Ernest, würde es nicht moralisch sein, Ernest.»

«Seltsam, daß wir denselben Namen haben, nicht?»

«Ja, Ernest», sagte ich. «Es ist ein Name, dem wir beide gerecht werden müssen. Du verstehst doch, was ich meine, nicht wahr, Ernest?»

«Ja, Ernest», sagte er. Er schenkte mir sein völliges, trauriges irisches Verständnis und seinen Charme.

Also war ich immer sehr nett zu ihm und zu seiner Zeitschrift, und als er seine Blutstürze hatte und Paris verließ und mich bat, mich um den Druck seiner Zeitschrift zu kümmern, da die Leute kein Englisch konnten, tat ich das. Ich hatte so einen Blutsturz miterlebt, er war einwandfrei echt, und ich wußte, daß er bald sterben würde, und es machte mir Vergnügen zu der Zeit, die eine schwierige Zeit in meinem Leben war, außergewöhnlich nett zu ihm zu sein, so wie es mir Vergnügen machte, ihn Ernest zu nennen. Außerdem mochte und bewunderte ich seine Mitherausgeberin. Sie hatte mir keinerlei Auszeichnung versprochen. Sie wollte nur eine gute Zeitschrift herausgeben und ihre Mitarbeiter anständig bezahlen.

Eines Tages, lange danach, traf ich Joyce, der den Boulevard Saint-Germain entlangkam, nachdem er allein in einer Matinee gewesen war. Er hörte den Schauspielern gern zu, wenn er sie auch nicht sehen konnte. Er forderte mich auf, etwas mit ihm zu trinken, und wir gingen in die *Deux Magots* und bestellten herben Sherry, obschon Sie immer lesen werden, daß er nur Schweizer Weißwein trank.

«Was macht Walsh?» fragte Joyce.

«Ein Soundso im Leben ist ein Soundso im Sterben», sagte ich.

«Hat er Ihnen die Auszeichnung versprochen?» fragte Joyce.

«Ja.»

«Das habe ich mir gedacht», sagte Joyce.

«Hat er sie Ihnen versprochen?»

«Ja», sagte Joyce. Nach einer Weile fragte er: «Glauben Sie, daß er sie Pound versprochen hat?»

«Ich weiß es nicht.»

«Am besten, man fragt ihn nicht», sagte Joyce. Dabei beließen wir es. Ich erzählte Joyce von meiner ersten Begegnung mit ihm in Ezras Atelier mit den Mädchen in den langen Pelzmänteln, und es machte ihm Spaß, die Geschichte zu hören.

Seit dem Tag, an dem ich Sylvia Beachs Bücherstube entdeckte, hatte ich alles von Turgenjew gelesen, das, was von Gogol auf englisch erschienen war, die Constance Garnettschen Übersetzungen von Tolstoj und die englischen Übersetzungen von Tschechow. In Toronto hatte man mir, noch ehe wir je nach Paris kamen, erzählt, daß Catherine Mansfield eine gute Kurzgeschichten-Autorin, ja selbst eine bedeutende Kurzgeschichten-Autorin sei, aber als ich versuchte, sie nach Tschechow zu lesen, war es, als ob man die sorgsam gekünstelten Geschichten einer jugendlichen alten Jungfer anhörte, und sie mit den Geschichten eines ausdrucksmächtigen und wissenden Arztes, der ein guter und einfacher Schriftsteller war, verglich. Die Mansfield war wie Fastbier*. Besser war's, man trank Wasser. Aber Wasser war Tschechow nicht – bis auf die Klarheit. Es gab einige Geschichten, die mir wie reiner Journalismus erschienen. Aber es gab auch ganz herrliche.

Bei Dostojewski gab es glaubhafte Dinge und manche, die unglaubhaft waren, aber manches war so wahr, daß es einen beim Lesen veränderte; hier konnte man Gebrechlichkeit und Wahnsinn, Bosheit und Heiligkeit und den Irrsinn des Hasardspiels so kennenlernen, wie man die Landschaft und die Straßen bei Turgenjew kannte und die Truppenbewegungen, das Terrain und die Offiziere und die gewöhnlichen Soldaten und die Schlachten bei Tolstoj. Tolstoj ließ das, was Stephen Crane über den amerikanischen Bürgerkrieg geschrieben hatte, als das brillante Phantasiegebilde eines kranken Jungen erscheinen, der nie etwas vom Krieg gesehen, sondern nur in den Chroniken über Schlachten gelesen und die Bradyschen Fotografien gesehen hatte, die ich im Hause meiner Großeltern gelesen und gesehen hatte. Bevor ich *Die Kartause von Parma* von Stendhal las, hatte ich außer bei Tolstoj nie über Krieg, wie er wirklich war, gelesen, und der wundervolle Bericht über Waterloo von Stendhal war ein unerwarteter Lichtblick in einem recht langweiligen Buch. Auf diese ganze neue Welt der Bücher zu stoßen, mit Zeit zum Lesen in einer Stadt wie Paris, in der man irgendwie gut leben und arbeiten konnte, ganz gleich wie arm man war, das war, als sei einem ein großer Schatz geschenkt worden. Auch wenn man reiste, konnte man diesen Schatz mitnehmen; in den Bergen in der Schweiz und in Italien, wo wir lebten, ehe wir Schruns im Hochtal des Vorarlbergs in Österreich entdeckt hatten, immer gab es die

* Der Ausdruck *near-beer* rührt aus der Prohibitionszeit her. Ein Witzbold meinte, der Erfinder des *near-beer* habe kein Gefühl für Entfernungen gehabt. (Anm. d. Ü.)

Bücher, so daß man tagsüber der neuentdeckten Welt mit ihrem Schnee, dem Wald, den Gletschern und ihren winterlichen Problemen im hochgelegenen, gastlichen *Hotel Taube* im Dorf lebte, während man nachts in der anderen Welt leben konnte, die die russischen Schriftsteller schenkten. Zuerst waren es die Russen, dann gab es all die anderen. Aber lange Zeit über waren es die Russen.

Ich erinnere mich, wie ich Ezra eines Tages – nachdem wir vom Tennisspielen draußen am Boulevard Arago nach Hause gegangen waren und er mich auf einen Drink ins Studio eingeladen hatte – fragte, was er wirklich über Dostojewski dachte.

«Um Ihnen die Wahrheit zu sagen, Hem», sagte Ezra, «ich habe die Rrrrussen nie gelesen.»

Es war eine eindeutige Antwort, und Ezra hatte mir buchstäblich nie eine andere Art gegeben, aber ich fühlte mich gräßlich, denn hier war der Mann, den ich damals als Kritiker am liebsten mochte und am meisten schätzte, der Mann, der an das *mot juste* glaubte – das eine und einzig treffende Wort –, der Mann, der mich gelehrt hatte, Adjektiven zu mißtrauen, so wie ich später lernen sollte, gewissen Leuten in gewissen Situationen zu mißtrauen, und ich wollte seine Meinung über einen Mann hören, der fast nie das *mot juste* benutzte und der trotzdem bisweilen seine Menschen so lebendig gemacht hatte, wie es fast niemand sonst konnte.

«Halten Sie sich an die Franzosen», sagte Ezra. «Da können Sie eine Menge lernen.»

«Das weiß ich», sagte ich. «Ich kann überall eine Menge lernen.»

Später, nachdem ich Ezras Studio verlassen hatte und die Straße hinunter zur Sägemühle kam und die hochwandige Straße bis zur Öffnung am Ende hinabblickte, wo sich die kahlen Bäume zeigten und hinter ihnen, jenseits der Breite des Boulevards Saint-Michel die ferne Fassade des *Café au Bullier*, machte ich das Tor auf und ging hinein an dem frisch gesägten Holz vorbei und ließ meinen Tennisschläger in seinem Spanner neben der Treppe, die zum obersten Stockwerk des Seitenflügels führte. Ich rief die Treppe hinauf, aber es war niemand zu Hause.

«Madame ist ausgegangen und die *bonne* und das Baby auch», erzählte mir die Frau des Sägemühlenbesitzers. Sie war eine schwierige Person, stark beleibt mit messingblondem Haar, ich dankte ihr.

«Es war auch ein junger Mann hier, der Sie besuchen wollte», sagte sie und benutzte den Ausdruck *jeune homme* an Stelle von *monsieur*. «Er sagte, er würde in der *Closerie* sein.»

«Schönsten Dank», sagte ich. «Wenn Madame zurückkommt, sagen Sie ihr doch, bitte, daß ich in der *Closerie* bin.»

«Sie ist mit Freunden ausgegangen», sagte die Frau, und ihren purpurroten Morgenrock um sich raffend, ging sie auf hohen Absätzen über die Schwelle ihrer eigenen *domaine*, ohne die Tür zu schließen.

Ich ging die Straße zwischen den hohen, fleckigen, verschmutzten weißen Häusern hinunter und bog am offenen, sonnigen Ende nach rechts ein und ging in die sonnengestreifte Dämmerung der *Closerie*.

Es war niemand da, den ich kannte, und ich ging hinaus auf die Terrasse und fand Evan Shipman, der auf mich wartete. Er war ein sehr guter Dichter, und er mochte und verstand sich auf Pferde, Bücher und Bilder. Er erhob sich, und ich sah ihn vor mir, groß und blaß und dünn, sein weißes Hemd angeschmutzt und am Kragen abgetragen, seinen sorgfältig gebundenen Schlips, seinen abgetragenen und zerknitterten grauen Anzug, seine Finger dunkler gefärbt als seine Haare, seine schmutzigen Nägel und sein liebevolles, abbittendes Lächeln, das er verkniffen einhielt, um nicht seine schlechten Zähne zu zeigen.

«Schön, dich zu sehen, Hem», sagte er.

«Wie geht's dir, Evan?» fragte ich.

«Nicht besonders», sagte er. «Ich glaube aber, ich hab die *Mazeppa* geschafft. Hast du Erfolg gehabt?»

«Will ich hoffen», sagte ich. «Als du bei uns vorbeikamst, war ich aus, mit Ezra Tennis spielen.»

«Geht es Ezra gut?»

«Sehr.»

«Das freut mich. Hem, weißt du, ich glaube, daß die Frau von dem Besitzer, wo ihr wohnt, mich nicht mag. Sie wollte mich nicht oben auf dich warten lassen.»

«Ich werde ihr Bescheid sagen», sagte ich.

«Laß nur; ich kann immer hier warten. Jetzt in der Sonne ist es sehr angenehm, findest du nicht?»

«Es ist jetzt Herbst», sagte ich. «Ich finde, du bist nicht warm genug angezogen.»

«Es ist nur abends kühl», sagte Evan. «Ich werde meinen Mantel anziehen.»

«Weißt du, wo er ist?»

«Nein, aber er ist irgendwo gut aufgehoben.»

«Woher weißt du?»

«Weil ich das Gedicht darin ließ.» Er lachte herzhaft und hielt die Lippen fest über den Zähnen geschlossen. «Trink einen Whisky mit mir, bitte, Hem.»

«Schön.»

«Jean.» Evan stand auf und rief den Kellner. «Bitte zwei Whisky.»

Jean brachte die Flasche und die Gläser und mit dem Syphon zwei Zehn-Francs-Untertassen. Er benutzte kein Maß und schenkte den Whisky ein, bis die Gläser mehr als dreiviertel voll waren. Jean liebte Evan, der an Jeans freiem Tag oft hinausfuhr und mit ihm in seinem Garten in Montrouge draußen, außerhalb der Porte d'Orléans, arbeitete.

«Sie dürfen's nicht übertreiben», sagte Evan zu dem großen alten Kellner.

«Das sind doch zwei Whiskies, nicht?» fragte der Kellner.

Wir fügten Wasser hinzu, und Evan sagte: «Trink den ersten Schluck sehr vorsichtig, Hem. Ordentlich gehandhabt werden sie eine Zeitlang vorhalten.»

«Tust du ein bißchen was für dich?» fragte ich.

«Wahrhaftig, Hem. Aber wir wollen von was anderem reden, ja?»

Außer uns saß niemand auf der Terrasse, und der Whisky wärmte uns beide, obwohl ich für den Herbst passender angezogen war als Evan, da ich ein Trikot als Unterzeug trug und dann ein Hemd und über dem Hemd einen blauen, wollenen französischen Matrosensweater.

«Ich zerbreche mir den Kopf über Dostojewski», sagte ich. «Wie kann ein Mann so schlecht schreiben, so unbeschreiblich schlecht, und einen so tief ergreifen?»

«Es kann nicht an der Übersetzung liegen», sagte Evan. «Tolstoj liest sich gut in ihrer Übersetzung.»

«Ich weiß. Ich erinnere mich, wie viele Male ich versucht habe, *Krieg und Frieden* zu lesen, ehe ich die Constance Garnettsche Übersetzung bekam.»

«Man sagt, auch die könne vervollkommnet werden», sagte Evan. «Ich bin überzeugt davon, obschon ich kein Russisch kann. Aber wir beide kennen Übersetzungen. Trotzdem ist dabei ein phantastischer Roman herausgekommen, ich glaube, der großartigste, den es gibt, und man kann ihn wieder und wieder lesen.»

«Ich weiß», sagte ich. «Aber Dostojewski kann man nicht wieder und wieder lesen. Ich hatte *Schuld und Sühne* auf einer Reise mit, als uns unten in Schruns die Bücher ausgingen, und selbst als wir gar nichts mehr zu lesen hatten, konnte ich es nicht noch mal lesen. Ich las die österreichischen Zeitungen und lernte Deutsch, bis wir einen Tauchnitzband mit etwas von Trollope fanden.»

«Gott segne Tauchnitz», sagte Evan. Der Whisky hatte seinen feurigen Gehalt verloren und war jetzt, wenn man Wasser hinzufügte, einfach viel zu stark.

«Dostojewski war ein Scheißer, Hem», sagte Evan. «Er schrieb am besten über Scheißer und Heilige. Er macht wundervolle Heilige. Es ist ein Jammer, daß wir ihn nicht noch mal lesen können.»

«Ich will *Die Brüder Karamesow* noch mal versuchen. Es war wahrscheinlich meine Schuld.»

«Manches kann man noch mal lesen. Das meiste davon. Aber dann fängt es an, einen zu verärgern, ganz gleich, wie großartig es ist.»

«Ja, wir haben Glück gehabt, daß wir's zum erstenmal zum Lesen hatten, und vielleicht wird es mal eine bessere Übersetzung geben.»

«Aber laß dich nicht dazu verleiten, Hem.»

«Werde ich schon nicht. Ich versuche es so zu lesen, daß es anders wird, ohne daß man's merkt, und je öfter man's liest, desto mehr wird man darin finden.»

«Gut; ich setze auf dich. Prost, mit Jeans Whisky», sagte Evan.

«Wenn er so was tut, wird er Ärger kriegen», sagte ich.

«Er hat bereits Ärger», sagte Evan.

«Wieso?»

«Die Geschäftsführung wechselt. Die neuen Besitzer wollen eine andere Sorte Kundschaft, eine, die Geld ausgeben wird, und sie werden eine *American Bar* einrichten. Die Kellner werden in weiße Jacken gesteckt, Hem, und sie sollen sich bereit halten, ihre Schnurrbärte abzunehmen.»

«Das können sie doch André und Jean nicht antun.»

«Sie sollten es nicht; aber sie werden's tun.»

«Jean hat sein ganzes Leben lang einen Schnurrbart gehabt. Das ist ein Dragonerschnauzbart. Er hat in einem Kavallerieregiment gedient.»

«Er wird ihn abschneiden müssen.»

Ich trank den Rest von meinem Whisky aus.

«Noch einen Whisky, Monsieur?» fragte Jean. «Einen Whisky, Mr. Shipman?»

Sein schwer herabhängender Schnurrbart war ein Teil seines hageren gütigen Gesichts, und sein kahler Kopf glänzte unter den Haarsträhnen, die geschickt darübergelegt waren.

«Tun Sie's nicht, Jean», sagte ich. «Riskieren Sie nichts.»

«Ich habe nichts zu riskieren», sagte er leise zu uns. «Es ist ein großes Durcheinander. Viele gehen weg. *Entendu, Messieurs*», sagte er laut. Er ging ins Café hinein und kam heraus und trug die Flasche Whisky, zwei große Gläser, zwei goldgeränderte Zehn-Francs-Untertassen und eine Flasche Selterwasser.

«Nein, Jean», sagte ich.

Er stellte die Gläser auf die Untertassen und füllte sie beinahe bis zum Rand mit Whisky und trug den Rest, der in der Flasche war, ins

Café zurück. Evan und ich spritzten ein bißchen Selterswasser in die Gläser.

«Nur gut, daß Dostojewski Jean nicht gekannt hat», sagte Evan. «Er hätte sich vielleicht zu Tode getrunken.»

«Was wollen wir mit diesen machen?»

«Sie trinken», sagte Evan. «Es ist ein Protest. Es ist eine Direktaktion.»

Am folgenden Montag, als ich morgens in die *Closerie* zum Arbeiten kam, servierte mir André ein *bovril;* das ist eine Tasse Fleischextrakt mit Wasser. Er war stämmig und blond, und wo sein borstiger Schnurrbart gewesen war, war seine Oberlippe nackt wie die eines Priesters. Er trug die weiße Jacke eines Barmixers.

«Und Jean?»

«Er kommt erst morgen wieder.»

«Wie geht es ihm?»

«Er braucht länger, um sich damit abzufinden. Den ganzen Krieg über war er in einem schweren Kavallerieregiment. Er hat das Croix de Guerre und die Médaille Militaire.»

«Ich wußte nicht, daß er so schwer verwundet war.»

«Nein. Natürlich war er verwundet, aber er hat die andere Sorte der Médaille Militaire, die für Tapferkeit.»

«Sagen Sie ihm, daß ich nach ihm gefragt habe.»

«Natürlich», sagte André. «Ich hoffe, es wird nicht zu lange dauern, bis er sich damit abgefunden hat.»

«Bitte bestellen Sie ihm auch Grüße von Mr. Shipman.»

«Mr. Shipman ist bei ihm», sagte André. «Sie gärtnern zusammen.»

Ein Werkzeug des Bösen

Das letzte, was Ezra zu mir sagte, ehe er die Rue Notre-Dame-des-Champs verließ, um nach Rapallo zu fahren, war: «Hem, ich hätte gern, daß Sie diesen Topf mit Opium aufheben und ihn Dunning geben, aber nur, wenn er es braucht.»

Es war ein großer Coldcreamtopf, und als ich den Deckel abschraubte, sah ich, daß der Inhalt dunkel und klebrig war, und es roch nach sehr rohem Opium. Ezra sagte, er habe es von einem indischen Häuptling auf der Avenue de l'Opéra dicht am Boulevard des Italiens gekauft, und es sei sehr teuer gewesen. Ich dachte, es müsse aus der alten *Hole in the Wall*-Bar kommen, die während und nach dem Ersten Weltkrieg ein Treffpunkt für Deserteure und

Rauschgifthändler war. Das *Hole in the Wall* in der Rue des Italiens war eine sehr schmale Bar mit einer rotgestrichenen Fassade, kaum mehr als ein Durchgang. Einst hatte sie einen Hinterausgang in die Abzugskanäle von Paris gehabt, aus denen man angeblich in die Katakomben gelangen konnte. Dunning war Ralph Cheever Dunning, ein Dichter, der Opium rauchte und zu essen vergaß. Wenn er zuviel rauchte, konnte er nur Milch trinken, und er schrieb in Terzinen, was ihn bei Ezra beliebt machte, der auch in seinen Gedichten vorzügliche Qualitäten entdeckte. Er wohnte in demselben Hof, wo Ezra sein Studio hatte, und Ezra hatte mich holen lassen, um ihm zu helfen, als Dunning ein paar Wochen, bevor Ezra Paris verlassen wollte, im Sterben lag.

«Dunning stirbt», lautete Ezras Botschaft. «Bitte kommen Sie sofort.»

Dunning sah wie ein Skelett aus, wie er da auf seiner Matratze lag, und er wäre bestimmt gelegentlich an Unterernährung gestorben, aber schließlich überzeugte ich Ezra davon, daß ganz wenige Menschen je sterben, während sie in wohlgesetzten Redewendungen sprechen, und daß ich nie von einem Sterbenden gehört hätte, der in Terzinen redete, und daß ich sogar bezweifelte, ob Dante das gekonnt hätte. Ezra sagte, er rede gar nicht in Terzinen, und ich sagte, vielleicht höre es sich nur für mich so an wie Terzinen, weil ich geschlafen hätte, als er nach mir schickte.

Schließlich wurde die Angelegenheit nach einer Nacht, in der Dunning auf seinen Tod gewartet hatte, in die Hände eines Arztes gelegt, und Dunning wurde in eine Privatklinik gebracht, um entgiftet zu werden.

Ezra bürgte für die Rechnungen und organisierte zugunsten Dunnings die Hilfe von – ich weiß nicht was für – Poesieliebhabern. Mir war nur das Überbringen des Opiums in einem echten Notfall überlassen. Es war ein heiliger Auftrag, da er von Ezra kam, und ich hoffte nur, daß ich mich seiner würdig erweisen und einen echten Notfall erkennen würde. Er trat ein, als Ezras Portiersfrau eines Sonntagmorgens im Hof der Sägemühle erschien und zu dem offenen Fenster, an dem ich die Voraussagen für die Rennen studierte, hinaufrief: *«Monsieur Dunning est monté sur le toit et refuse catégoriquement de descendre.»*

Der aufs Dach des Studios gekletterte Dunning, der sich kategorisch weigerte herunterzukommen, schien ein zwingender Notfall zu sein, und ich fand den Opiumtopf und ging mit der Portiersfrau, einer kleinen, empfindsamen und durch die Situation sehr aufgeregten Frau, die Straße hinauf.

«Hat Monsieur alles Notwendige bei sich?» fragte sie mich.

«Unbedingt», sagte ich. «Wir werden keine Schwierigkeiten haben.»

«Monsieur Pound denkt auch an alles», sagte sie. «Er ist die personifizierte Güte.»

«Das ist er wirklich», sagte ich, «und ich vermisse ihn tagtäglich.»

«Wir wollen hoffen, daß Monsieur Dunning Vernunft annimmt.»

«Ich habe, was er braucht», versicherte ich ihr.

Als wir in den Hof kamen, wo die Studios waren, sagte die Portiersfrau: «Er ist heruntergestiegen.»

«Er muß gewußt haben, daß ich komme», sagte ich.

Ich kletterte die Außentreppe hinauf, die zu Dunnings Bude führte, und klopfte. Er öffnete die Tür. Er war hager und erschien mir ungewöhnlich groß.

«Ezra bat mich, Ihnen das zu bringen», sagte ich und reichte ihm den Topf. «Er sagte mir, Sie würden wissen, was es ist.»

Er nahm den Topf und besah ihn sich. Dann warf er ihn nach mir. Er traf mich an der Brust oder der Schulter und rollte die Treppe hinunter.

«Sie Schweinehund», sagte er. «Sie Dreckskerl.»

«Ezra sagte, Sie würden es vielleicht brauchen», sagte ich. Als Antwort warf er eine Milchflasche nach mir.

«Sind Sie sicher, daß Sie es nicht brauchen?» fragte ich.

Er warf eine zweite Milchflasche nach mir. Ich zog mich zurück, und er traf mich mit noch einer weiteren Milchflasche im Rücken. Dann schloß er die Tür.

Ich hob den Topf auf, der nur einen leichten Sprung hatte, und steckte ihn in die Tasche.

«Er schien Monsieur Pounds Geschenk nicht haben zu wollen», sagte ich zu der Portiersfrau.

«Vielleicht wird er jetzt ruhig sein», sagte sie.

«Vielleicht hat er selbst welches», sagte ich.

«Der arme Monsieur Dunning», sagte sie.

Die Poesieliebhaber, die Ezra mobilisiert hatte, taten sich schließlich wieder zusammen, um Dunning zu helfen. Mein eigenes Eingreifen und das der Portiersfrau waren erfolglos gewesen. Den Topf mit dem angeblichen Opium, der einen Sprung bekommen hatte, hob ich, in Pergamentpapier eingewickelt und sorgsam verschnürt, in einem meiner alten Reitstiefel auf. Als Evan Shipman und ich einige Jahre später meine persönliche Habe aus dieser Wohnung wegschafften, waren die Stiefel noch da, aber der Topf war weg. Ich weiß nicht, warum Dunning mit den Milchflaschen nach mir warf, es sei denn, er hatte sich an meinen Mangel an Leichtgläubigkeit in der Nacht seines ersten Sterbens erinnert; vielleicht war es auch nur ein angeborener Widerwille gegen meine Person. Aber ich erinnere mich, wie sehr der Satz *Monsieur Dunning est monté sur le toit et refuse catégoriquement de descendre* Evan Shipman beglückte. Er glaubte, er habe etwas Symbolisches an sich. Das entzog sich meiner Kenntnis. Vielleicht hielt mich Dunning für ein Werkzeug des Bösen oder der Polizei. Ich weiß nur, daß Ezra versuchte, Dunning zu helfen, wie er so vielen Menschen zu helfen suchte, und ich hoffte nur, daß Dunning ein so guter Dichter war, wie Ezra es von ihm annahm. Für einen Dichter warf er sehr akkurat mit einer Milchflasche. Aber Ezra, der ein sehr guter Dichter war, spielte auch gut Tennis. Evan Shipman, der ein ausgezeichneter Dichter war und dem es wirklich gleichgültig war, ob seine Gedichte je veröffentlicht wurden, fand, daß dies ein Mysterium bleiben sollte.

«Wir brauchen mehr echte Mysterien in unserem Leben, Hem», sagte er einmal zu mir. «Der völlig ehrgeizlose Schriftsteller und das wirklich gute unveröffentlichte Gedicht sind die Dinge, die uns heute am meisten fehlen. Aber natürlich, leben muß man auch.»

Scott Fitzgerald

> Sein Talent war so natürlich wie das Muster, das der Staub auf den Flügeln eines Schmetterlings bildet. Einst verstand er es ebensowenig, wie der Schmetterling es verstand, und er wußte nicht, wann es angestoßen oder beschädigt war. Später wurde er sich seiner verletzten Flügel und ihrer Konstruktion bewußt, und er lernte denken und konnte nicht mehr fliegen, weil die Liebe zum Fliegen fort war, und er konnte sich nur daran erinnern, wie es mühelos gewesen war.

Das erste Mal, als ich Scott Fitzgerald traf, passierte etwas sehr Seltsames. Mit Scott passierten einem eine Menge seltsame Dinge, aber dieses konnte ich niemals vergessen. Er hatte die *Dingo Bar* in der Rue Delambre betreten, wo ich mit ein paar nichtsnutzigen Typen saß, hatte sich vorgestellt und hatte einen großen, angenehmen Menschen, der mit ihm war, als Dunc Chaplin, den berühmten Pitcher, vorgestellt. Ich hatte die Baseballspiele in Princeton nicht verfolgt und hatte niemals von Dunc Chaplin gehört, aber er war außergewöhnlich nett, unbekümmert, entspannt und freundlich, und ich zog ihn Scott bei weitem vor.

Scott war damals ein Mann, der wie ein Junge wirkte, mit einem Gesicht zwischen hübsch und gut aussehend. Er hatte sehr blondes, welliges Haar, eine hohe Stirn, lebhaft und freundlich blickende Augen und einen sensitiven irischen Mund mit feingeschwungenen Lippen, der bei einem Mädchen der Mund einer Schönheit gewesen wäre. Sein Kinn war wohlgestaltet, und er hatte gut geformte Ohren und eine gutaussehende, beinahe schöne, makellose Nase. Das hätte noch kein hübsches Gesicht ergeben, das machten erst seine Farben, das sehr blonde Haar und der Mund. Der Mund beunruhigte einen, ehe man ihn kannte, und dann beunruhigte er einen noch mehr.

Ich war sehr neugierig darauf, ihn kennenzulernen, und ich hatte sehr schwer den ganzen Tag gearbeitet, und es schien ganz wunderbar, daß Scott Fitzgerald hier war und der große Dunc Chaplin, von dem ich noch nie etwas gehört hatte und der jetzt mein Freund war. Scott hörte nicht auf zu reden, und da mich alles, was er sagte, verlegen machte – es war alles über meine Schriftstellerei und wie großartig sie sei –, betrachtete ich ihn weiter aufmerksam und beobachtete, statt zuzuhören. Wir lebten damals noch in der Vorstellung, daß Lob, ins Gesicht gesagt, einer öffentlichen Kränkung gleichkam. Scott hatte Champagner bestellt, und er und Dunc und ich tranken ihn, glaube ich, gemeinsam mit einigen von den nichtsnutzigen Typen. Ich glaube nicht, daß Dunc oder ich der Rede – denn es war eine Rede – sehr genau folgten, und ich fuhr fort, Scott zu beobachten. Er war zierlich gebaut und schien nicht in besonders guter Form zu sein, denn sein Gesicht war leicht aufgedunsen. Sein Anzug von Brooks Brothers saß gut, und er trug ein weißes Hemd mit angeknöpften Kragenecken und einem Gardekürassierschlips. Ich dachte, vielleicht sollte ich ihn über den Schlips aufklären, weil es ja doch in Paris auch Engländer gab und einer ins *Dingo* kommen konnte – zur Zeit waren zwei da –, aber dann dachte ich, Teufel noch mal, und ich betrachtete ihn weiter. Später stellte es sich heraus, daß er den Schlips in Rom gekauft hatte.

Durchs Anschauen erfuhr ich jetzt nicht sehr viel über ihn, außer daß er gut geformte, fähig aussehende, nicht zu kleine Hände hatte, und als er sich auf einen der Barhocker setzte, sah ich, daß er sehr kurze Beine hatte. Mit normalen Beinen wäre er etwa fünf Zentimeter größer gewesen. Wir hatten die erste Flasche Champagner ausgetrunken und fingen mit der zweiten an, und sein Redefluß ließ nach.

Wir beide, Dunc und ich, fingen an, uns noch wohler zu fühlen, als wir uns vor dem Champagner gefühlt hatten, und es war angenehm, daß die Rede ihrem Ende zuging. Bis dahin hatte ich gedacht, daß es ein sorgfältig gehütetes Geheimnis zwischen mir und meiner Frau war und ein paar Menschen, die wir gut genug kannten, um uns mit ihnen zu unterhalten, was ich für ein großer Schriftsteller sei. Ich freute mich, daß Scott, was diese meine mögliche Größe betraf, zu dem gleichen glücklichen Ergebnis gekommen war, aber ich war auch froh darüber, daß ihm allmählich die Worte ausgingen. Aber nach der Rede ging die Fragerei los. Man konnte ihn beobachten und es unterlassen, der Rede zu folgen, aber den Fragen konnte man nicht entgehen. Es wurde mir klar, daß Scott glaubte, der Romanschriftsteller könne alles, was er wissen mußte, durch direktes Befragen seiner Freunde und Bekannten erfahren. Die Ausfragerei war direkt.

«Ernest», sagte er. «Es ist dir doch recht, daß ich Ernest zu dir sage, nicht wahr?»

«Frag Dunc», sagte ich.

«Sei nicht albern. Ich mein's ernsthaft. Sag mir, habt ihr, du und deine Frau, miteinander geschlafen, ehe ihr verheiratet wart?»

«Ich weiß nicht.»

«Was soll das heißen, du weißt nicht?»

«Ich erinnere mich nicht.»

«Aber wie kannst du dich an etwas von solcher Wichtigkeit nicht erinnern?»

«Ich weiß nicht», sagte ich. «Es ist seltsam, nicht wahr?»

«Es ist schlimmer als seltsam», sagte Scott. «Du mußt dich doch erinnern können.»

«Tut mir leid. Es ist schade, nicht wahr?»

«Red nicht so daher wie ein Engländer», sagte er. «Versuch seriös zu sein und dich zu erinnern.»

«Nein», sagte ich. «Es ist hoffnungslos.»

«Du könntest eine ehrliche Anstrengung machen, um dich zu erinnern.»

Das klingt ja ziemlich überspannt, dachte ich. Ob er wohl jedem diese Rede hält? Aber ich glaubte es nicht, weil ich gesehen hatte, wie er schwitzte, während er sie hielt. Der Schweiß war auf seiner feingeschwungenen, vollkommenen irischen Oberlippe in winzigen Tropfen ausgebrochen, als ich hinunter- und von seinem Gesicht wegblickte und die Länge seiner hochgezogenen Beine feststelle, als er auf dem Barhocker saß. Jetzt blickte ich ihm wieder ins Gesicht, und gerade da passierte diese merkwürdige Sache.

Wie er so an der Bar saß, das Glas Champagner in der Hand, schien sich die Haut seines Gesichts zu straffen, bis die ganze Aufgedunsenheit weg war, und dann spannte sich die Haut noch fester, bis das Gesicht wie ein Totenkopf aussah. Die Augen sanken ein und fingen an, tot auszusehen, und die Lippen waren straff gezogen, und die Farbe wich aus seinem Gesicht, so daß es die Farbe von benutztem Kerzenwachs hatte. Ich bildete mir dies nicht ein. Sein Gesicht wurde vor meinen Augen zu einem wahren Totenkopf oder einer Totenmaske.

«Scott», sagte ich. «Ist dir nicht wohl?»

Er antwortete nicht, und sein Gesicht sah noch verzerrter aus als vorher.

«Wir wollen ihn lieber zu einer Unfallstation schaffen», sagte ich zu Dunc Chaplin.

«Nein. Es fehlt ihm nichts.»

«Er sieht aus, als ob er stirbt.»

«Nein. So wirkt es bei ihm.»

Wir setzten ihn in ein Taxi, und ich war sehr besorgt, aber Dunc sagte, er sei in Ordnung und man brauche sich nicht um ihn zu sorgen. «Wahrscheinlich wird er, ehe er zu Hause ist, wieder in Ordnung sein», sagte er.

Er muß es gewesen sein, denn als ich ihn ein paar Tage später in der *Closerie* traf, sagte ich, es täte mir leid, daß das Zeugs so auf ihn gewirkt habe und daß wir es vielleicht zu schnell getrunken hätten, während wir uns unterhielten.

«Was meinst du, was tut dir leid? Was für Zeugs hat auf mich wie gewirkt? Wovon sprichst du denn, Ernest?»

«Ich meinte neulich abend im *Dingo*.»

«Hat mir doch nichts gefehlt, da im *Dingo*. Ich hatte nur einfach genug von diesen absolut verdammten Engländern, mit denen du da warst, und ging nach Hause.»

«Als du da warst, waren keine Engländer da. Nur der Barmixer.»

«Gib dir keine Mühe, daraus ein Geheimnis zu machen. Du weißt, welche ich meine.»

«Ach», sagte ich. Er war wohl später ins *Dingo* zurückgegangen. Oder er war ein andermal hingegangen. Nein. Jetzt fiel es mir ein, es *waren* zwei Engländer da gewesen. Es stimmte. Ich erinnerte mich, wer es war. Sie waren den ganzen Abend über da gewesen.

«Ach», sagte ich. «Ja, natürlich.»

«Das Mädchen mit dem fragwürdigen Adelstitel, das so grob war, und der Saufbold bei ihr. Du sagtest, sie seien Freunde von dir.»

«Das sind sie. Und sie *ist* manchmal sehr grob.»

«Siehst du, hat gar keinen Sinn, so geheimnisvoll zu tun, nur weil man ein paar Glas Wein getrunken hat. Wieso wolltest du so geheimnisvoll tun? Ich hätte nie gedacht, daß du so etwas tust.»

«Ich weiß nicht.» Ich wollte das Thema wechseln. Dann kam mir eine Idee. «Waren sie grob wegen deinem Schlips?»

«Warum sollten sie wegen meinem Schlips grob sein? Ich trug einen einfachen schwarzen Schlips zu einem weißen Polohemd.»

Da gab ich es auf, und er fragte mich, wieso ich dieses Café mochte, und ich erzählte ihm, wie es früher gewesen war, und er fing an, zu versuchen, es auch gern zu mögen, und wir saßen da, ich, der es gern mochte, und er, der versuchte, es gern zu mögen, und er stellte Fragen und erzählte mir von Schriftstellern und Verlegern und Agenten und Kritikern und George Horace Lorimer und dem Klatsch und den wirtschaftlichen Problemen, wenn man ein erfolgreicher Schriftsteller war, und er war zynisch und komisch und sehr vergnügt und charmant und gewinnend, selbst wenn man sich bei jemandem, der einen zu gewinnen suchte, vorsah. Er sprach wegwerfend, aber ohne Bitterkeit über alles, was er geschrieben hatte, und ich wußte, daß sein neues Buch sehr gut sein mußte, da er ohne Bitterkeit von den Fehlern früherer Bücher sprach. Er wollte, daß ich das neue Buch *Der große Gatsby* las, sobald er sein letztes und einziges Exemplar von jemandem, dem er es geliehen hatte, zurückbekam. Wenn man ihn so darüber sprechen hörte, wußte man noch lange nicht, wie ausgezeichnet es war; man spürte nur die Schüchternheit, die alle nicht eingebildeten Schriftsteller haben, wenn sie etwas sehr Gutes geschrieben haben, und ich hoffte, er würde das Buch bald zurückbekommen, damit ich es lesen konnte.

Scott erzählte mir, daß er von Maxwell Perkins gehört habe, daß sich das Buch nicht gut verkaufte, aber daß es ausgezeichnete Kritiken gehabt hätte. Ich erinnere mich nicht, ob es jener Tag war oder viel später, als er mir eine Kritik von Gilbert Seldes zeigte, die gar nicht besser hätte sein können. Sie hätte nur besser sein können, wenn Gilbert Seldes besser gewesen wäre. Scott war ratlos und gekränkt, weil das Buch sich nicht besser verkaufte, aber wie gesagt, er war damals überhaupt nicht verbittert, und er war beides, schüchtern urd glücklich, was die Qualität seines Buches betraf.

An diesem Tag, als wir draußen auf der Terrasse der *Closerie* saßen und beobachteten, wie es dämmerig wurde und die Leute auf dem Bürgersteig vorübergingen, und das graue Licht des Abends sich veränderte, bewirkten die zwei Whisky Soda, die er getrunken hatte, keine chemische Veränderung in ihm. Ich hielt sorgsam danach Ausschau, aber es kam nicht, und er fragte keine schamlosen Fragen, setzte mich nicht in Verlegenheit, hielt keine Reden und benahm sich wie ein normaler, reizender und intelligenter Mensch.

Er erzählte mir, das schlechte Wetter habe ihn und Zelda, seine Frau, gezwungen, ihren kleinen Renault in Lyon stehen zu lassen, und er fragte, ob ich mit ihm im Zug nach Lyon hinunterfahren würde, um den Wagen abzuholen und dann mit ihm zusammen nach Paris zurückzufahren.

Die Fitzgeralds hatten in der Rue de Tilsitt 14, nicht weit von der Étoile, eine möblierte Wohnung gemietet. Jetzt war Frühling, und ich dachte, daß das Land sich wohl von seiner besten Seite zeigen würde und wir eine fabelhafte Reise vor uns hätten. Scott schien so nett und so vernünftig zu sein, und ich hatte beobachtet, wie er zwei gute große Whiskies trank und nichts passierte, und sein Charme und seine scheinbare Vernunft ließen den anderen Abend im *Dingo* wie einen bösen Traum erscheinen. Also sagte ich, ich würde gern mit ihm nach Lyon fahren und wann er fahren wollte?

Wir kamen überein, uns am nächsten Tag zu treffen, und verabredeten dann, mit dem Express-Zug, der morgens fuhr, nach Lyon zu fahren. Dieser Zug fuhr zu einer annehmbaren Zeit ab und fuhr sehr schnell. Er hielt, soweit ich mich erinnern kann, nur einmal, in Dijon. Geplant war, nach Lyon zu fahren, das Auto nachsehen und überholen zu lassen, ausgezeichnet zu Abend zu essen und frühmorgens nach Paris aufzubrechen.

Ich war begeistert von der Ausflugsidee. Ich würde die Gesellschaft eines älteren und erfolgreichen Schriftstellers haben, und in der Zeit, die wir uns im Auto unterhalten würden, konnte ich bestimmt vieles lernen, was mir von Nutzen sein würde. Wenn ich jetzt zurückdenke, kommt es mir seltsam vor, daß ich in Scott einen älteren Schriftsteller sah, aber damals hatte ich eben noch nicht *Der große Gatsby* gelesen. Ich dachte, er schrieb *Saturday Evening Post*-Geschichten, die vor drei Jahren gut lesbar gewesen waren, aber ich dachte niemals an ihn als einen ernsthaften Schriftsteller. Er hatte mir in der *Closerie* erzählt, wie er Geschichten schrieb, die er für gut hielt und die tatsächlich gute Geschichten für die *Post* waren, und dann änderte er sie ab, um sie anzubieten, und wußte genau, wie und wo er die Effekte setzen mußte, um sie zu verkäuflichen Zeitschriftengeschichten zu machen. Ich war empört darüber, und ich sagte ihm, ich hielte das für Hurerei. Er sagte, es sei Hurerei, aber er müsse es tun, weil er das Geld von den Zeitschriften brauche, um dann Geld zu haben, anständige Bücher zu schreiben. Ich sagte, ich glaubte nicht, daß irgendwer auf eine andere Art, als auf die allerbeste, deren er fähig sei, schreiben könne, ohne seine Begabung zu zerstören. Da er die eigentliche Geschichte zuerst schrieb, sagte er, würde das Zerstören und Umwandeln, das er ja zum Schluß vornahm, ihm keinen Schaden zufügen. Das konnte ich nicht glauben, und ich hätte ihm das gerne ausgeredet, aber ich brauchte einen Roman zur Unterstützung meiner Theorie und um es ihm zu zeigen und ihn zu überzeugen, und bis jetzt hatte ich noch keinen solchen

Roman geschrieben. Da ich begonnen hatte, alles, was ich schrieb, zu vereinfachen und mich von aller geläufigen Routine zu befreien, und da ich mich bemühte, etwas zu schaffen und nicht zu beschreiben, war Schreiben eine wunderbare Tätigkeit. Aber es war sehr schwierig, und ich wußte nicht, wie ich je etwas so Langes wie einen Roman schreiben sollte. Ich brauchte einen vollen Arbeitsmorgen, um einen Absatz zu schreiben.

Hadley, meine Frau, freute sich für mich über die Reise, obgleich sie das, was sie von Scott gelesen hatte, nicht ernst nahm. Für sie war Henry James der Inbegriff eines guten Schriftstellers. Aber sie fand, es sei eine gute Idee von mir, eine Arbeitspause einzuschieben und die Reise zu machen, obschon wir beide wünschten, wir hätten genug Geld, um ein Auto zu haben und die Reise zusammen zu machen. Aber das war etwas, von dem ich nicht annahm, daß es jemals passieren könnte. Ich hatte von Boni & Liveright für einen ersten Band Kurzgeschichten, der in jenem Herbst in Amerika erscheinen sollte, einen Vorschuß von 200 Dollar bekommen, und ich verkaufte Geschichten an die *Frankfurter Zeitung* und an den *Querschnitt* in Berlin und an *This Quarter* und die *Transatlantic Revue* in Paris, und wir lebten sehr sparsam und gaben kein Geld aus bis auf das Notwendigste, um das Geld aufzusparen und im Juli zur *feria* nach Pamplona und nach Madrid und zur *feria* von Valencia hinunterfahren zu können.

An dem Morgen, an dem wir von der Gare de Lyon abfahren sollten, war ich reichlich früh da und wartete vor der Sperre auf Scott. Er hatte die Fahrkarten. Kurz vor der Abfahrt des Zuges, als Scott noch immer nicht da war, kaufte ich mir eine Bahnsteigkarte und ging am Zug entlang und suchte nach ihm. Ich sah ihn nicht, und da der lange Zug im Begriff war, auszufahren, stieg ich ein und ging durch den Zug in der Hoffnung, daß er darin sei. Es war ein langer Zug, und er war nicht darin. Ich erklärte dem Schaffner die Lage, bezahlte für ein Billett zweiter Klasse – es gab keine dritte – und fragte den Schaffner nach dem Namen des besten Hotels in Lyon. Ich konnte nichts anderes tun, als Scott aus Dijon zu telegrafieren und ihm die Adresse des Hotels anzugeben, wo ich ihn in Lyon erwarten würde. Er bekam es wohl nicht, ehe er aufbrach, aber seine Frau würde es ihm voraussichtlich nachtelegrafieren. Ich hatte bis dahin noch nie gehört, daß ein erwachsener Mensch einen Zug verpaßt, aber auf dieser Reise sollte ich noch vieles lernen.

In jenen Tagen regte ich mich sehr leicht entsetzlich auf, aber als wir Montereau hinter uns hatten, hatte ich mich so weit beruhigt, daß ich nicht mehr zu wütend war, um die Landschaft zu betrachten und mich daran zu freuen, und mittags aß ich ein gutes Lunch im

Speisewagen und trank eine Flasche Saint-Émilion und dachte, daß selbst wenn ich ein Idiot gewesen war, eine Einladung zu einer Reise anzunehmen, die jemand anderes bezahlen sollte und für die ich Geld ausgab, das wir brauchten, um nach Spanien zu fahren, es eine gute Lehre für mich war. Ich hatte niemals zuvor eine Einladung zu einer Reise angenommen, die ein anderer bezahlte, statt daß man die Kosten teilte, und bei dieser hatte ich darauf bestanden, daß wir die Kosten für Hotel und Mahlzeiten teilten. Aber jetzt wußte ich nicht einmal, ob Fitzgerald überhaupt auftauchen würde. Während ich wütend war, hatte ich ihn von Scott zu Fitzgerald degradiert. Später freute ich mich, daß ich meinen Ärger im Anfang aufgebraucht hatte und ich darüber hinweg war. Das war keine Reise, die für jemand geeignet war, der sich leicht ärgerte.

In Lyon erfuhr ich, daß Scott von Paris nach Lyon gefahren war, aber er hatte nicht hinterlassen, wo er in Lyon absteigen würde. Ich wiederholte meine dortige Adresse, und das Mädchen sagte, sie würde sie ihm mitteilen, wenn er anriefe. Madame fühle sich nicht wohl und schliefe noch. Ich rief alle namhaften Hotels an und hinterließ Nachricht, konnte aber Scott nicht ausfindig machen und ging dann in ein Café, trank einen Apéritif und las die Zeitungen. Im Café traf ich einen Mann, der sich seinen Lebensunterhalt als Feuerfresser verdiente und der außerdem Münzen, die er zwischen seinen zahnlosen Kiefern hielt, mit Daumen und Zeigefinger verbog. Sein Zahnfleisch war wund, aber fest, soweit sich sehen ließ, als er es zur Schau stellte, und er sagte, es sei kein schlechtes *métier*. Ich lud ihn zu einem Drink ein, und er freute sich. Er hatte ein nettes dunkles Gesicht, das, wenn er Feuer fraß, glühte und glänzte. Er sagte, es sei in Lyon weder mit Feuerfressen noch mit Kraftproben von Fingern und Kiefern Geld zu verdienen. Falsche Feuerfresser hätten das *métier* ruiniert und würden es immer weiter ruinieren, wo immer sie auftreten durften. Er hatte den ganzen Abend Feuer gefressen, sagte er, und habe nicht genügend Geld bei sich, um noch etwas anderes an dem Abend zu fressen. Ich lud ihn zu einem zweiten Drink ein, um den Benzingeschmack vom Feuerfressen runterzuspülen, und sagte, wir könnten zusammen zu Abend essen, falls er ein gutes Lokal kenne, das billig genug sei. Er sagte, er kenne ein ausgezeichnetes Lokal.

Wir aßen sehr billig in einem algerischen Restaurant, und mir schmeckte das Essen und der algerische Wein. Der Feuerfresser war ein netter Mensch, und es war interessant, ihn essen zu sehen, da er mit seinem Gaumen ebensogut kauen konnte wie die meisten Leute mit ihren Zähnen. Er fragte mich, womit ich meinen Lebensunterhalt verdiente, und ich erzählte ihm, daß ich gerade anfinge, als

Schriftsteller zu arbeiten. Er fragte, was ich denn schriebe, und ich sagte ihm, Geschichten. Er sagte, er kenne viele Geschichten, manche schrecklicher und unglaubhafter als alles, was geschrieben worden sei. Er könne sie mir erzählen, und ich solle sie aufschreiben, und dann, wenn sie Geld brächten, sollte ich ihm geben, was ich für richtig hielte. Noch besser, wir führen nach Nordafrika, und er würde mich in das Land des Blauen Sultans mitnehmen, wo ich Geschichten hören würde, wie sie noch kein Mensch je gehört habe.

Ich fragte ihn, was für Geschichten, und er sagte, über Schlachten, Hinrichtungen, Folterungen, Vergewaltigungen, grauenhafte Sitten, unglaubhafte Gebräuche, Ausschweifungen, alles, was ich haben wollte. Es wurde Zeit für mich, wieder ins Hotel zurückzugehen und von neuem nach Scott zu fahnden, also bezahlte ich für unsere Mahlzeit und sagte, wir würden uns bestimmt mal wieder begegnen. Er sagte, er arbeite sich runter zu nach Marseille, und ich sagte, früher oder später würden wir uns wiedertreffen, und es sei ein Vergnügen gewesen, zusammen zu essen. Ich verließ ihn, während er verbogene Münzen gerade bog und sie auf dem Tisch aufstapelte, und ging ins Hotel zurück.

Lyon war bei Nacht keine sehr vergnügliche Stadt. Es war eine große, schwerfällige Stadt mit solidem Geld, wahrscheinlich angenehm, wenn man Geld hatte und einem diese Art Stadt gefiel. Seit Jahren hatte ich von den wunderbaren Hühnern in den dortigen Restaurants gehört, statt dessen hatten wir Hammel gegessen. Der Hammel war vorzüglich gewesen.

Im Hotel war keine Nachricht von Scott, und ich ging in dem ungewohnten Hotelluxus zu Bett und las den ersten Band der *Aufzeichnungen eines Jägers* von Turgenjew, den ich mir in der Bücherstube von Sylvia Beach geliehen hatte. Seit drei Jahren war ich nicht mehr im Luxus eines großen Hotels gewesen, und ich machte die Fenster weit auf und rollte die Kissen unter Schultern und Kopf zusammen und war glücklich, mit Turgenjew in Rußland zu sein, bis ich über dem Lesen einschlief. Am Morgen machte ich mich fertig, um frühstücken zu gehen, und als ich beim Rasieren war, rief man vom Empfang an und sagte, es sei ein Herr unten, der mich sprechen wolle.

«Bitten Sie ihn, heraufzukommen», sagte ich und rasierte mich weiter und lauschte auf die Stadt, die schon früh am Morgen schwerfällig zum Leben erwacht war.

Scott kam nicht herauf, und ich traf ihn unten am Empfang. «Es tut mir schrecklich leid, daß es solch ein Durcheinander gegeben hat», sagte er. «Wenn ich nur gewußt hätte, in welches Hotel du gehen würdest, wäre alles einfach gewesen.»

«Schon gut», sagte ich. Wir hatten eine lange Fahrt vor uns, und ich war sehr für Frieden. «Mit welchem Zug bist du denn heruntergekommen?»

«Mit einem, nicht lange nach dem, den du genommen hast. Es war ein sehr bequemer Zug, und wir hätten genausogut zusammen herunterfahren können.»

«Hast du schon gefrühstückt?»

«Noch nicht. Ich habe die ganze Stadt nach dir abgegrast.»

«Das ist schandbar», sagte ich. «Hat man dir nicht zu Hause gesagt, daß ich hier bin?»

«Nein. Zelda fühlte sich nicht wohl, und ich hätte wahrscheinlich gar nicht kommen sollen. Bisher war die ganze Reise verheerend.»

«Wir wollen frühstücken, das Auto abholen und losfahren», sagte ich.

«Wunderbar. Wollen wir hier frühstücken?»

«Es geht schneller im Café.»

«Aber hier bekommen wir bestimmt ein gutes Frühstück.»

«Schön.»

Es war ein großes amerikanisches Frühstück mit Schinken und Eiern, und es war sehr gut. Aber bis wir es bestellt, darauf gewartet, es gegessen und auf die Rechnung gewartet hatten, hatten wir fast eine Stunde verloren. Erst als der Kellner mit der Rechnung kam, beschloß Scott, daß das Hotel uns ein Picknicklunch zurechtmachen sollte. Ich versuchte ihm das auszureden, da ich sicher war, daß wir in Mâcon eine Flasche Mâcon kaufen konnten und daß wir in einer *charcuterie* etwas kaufen konnten, um uns belegte Brote zu machen. Oder falls alles geschlossen sein sollte, wenn wir durchkamen, würde es eine Unzahl von Restaurants geben, an denen wir unterwegs anhalten konnten. Aber er sagte, ich hätte ihm erzählt, daß Hühner in Lyon wunderbar seien und daß wir ganz bestimmt eines mitnehmen sollten. Also machte uns das Hotel ein Lunch, das uns wohl nicht sehr viel mehr kostete, als vier- oder fünfmal so viel von dem, was es uns gekostet hätte, wenn wir es uns selbst gekauft hätten.

Es war offensichtlich, daß Scott getrunken hatte, ehe ich ihn traf, und da er aussah, als brauche er noch einen Drink, fragte ich ihn, ob er nicht einen in der Bar nehmen wolle, bevor wir uns auf den Weg machten. Er erklärte, daß er kein Vormittagstrinker sei, und fragte, ob ich einer wäre. Ich erklärte, daß es völlig davon abhinge, wie ich mich fühlte und was ich zu tun hätte, und er sagte, wenn ich meinte, daß ich einen Drink brauchte, würde er mir Gesellschaft leisten, damit ich nicht allein trinken müsse. Also tranken wir einen Whisky mit Perrier in der Bar, während wir auf unser Lunch warteten, und fühlten uns beide viel wohler.

Ich bezahlte für das Hotelzimmer und die Bar, obwohl Scott für alles bezahlen wollte. Seit Beginn der Reise hatte ich ein etwas unbehagliches Gefühl gehabt, und ich merkte, daß ich mich um so besser fühlte, je mehr Sachen ich bezahlen konnte. Ich brauchte das Geld auf, das wir für Spanien gespart hatten, aber ich wußte, ich hatte Kredit bei Sylvia Beach und konnte alles, was ich jetzt verschwendete, borgen und zurückzahlen.

In der Garage, wo Scott sein Auto gelassen hatte, war ich erstaunt, als ich sah, daß der kleine Renault kein Verdeck hatte. Das Verdeck war beim Ausladen des Autos in Marseille beschädigt worden, oder es war in Marseille auf irgendeine Weise beschädigt worden, und Zelda hatte bestimmt, es wegzuschneiden, und sich geweigert, es ersetzen zu lassen. Seine Frau hasse Autoverdecks, erzählte mir Scott, und sie waren ohne Verdeck bis Lyon gefahren, wo der Regen sie zwang, haltzumachen. Sonst war der Wagen in ganz gutem Zustand, und Scott bezahlte die Rechnung, nachdem er einige Posten für Waschen, Abschmieren und das Nachfüllen von zwei Litern Öl beanstandet hatte. Der Mann in der Garage erklärte mir, daß das Auto neue Kolbenringe brauche und offensichtlich mit zuwenig Öl und Wasser gefahren worden sei. Er zeigte mir, wie der Motor sich heißgelaufen hatte und der Lack auf der Haube abgesprungen war. Er sagte, falls ich Monsieur überreden könne, die Kolbenringe in Paris machen zu lassen, könne das Auto, das ein gutes kleines Auto sei, noch alle Dienste leisten, für die es gebaut sei.

«Monsieur hat mir nicht gestattet, das Verdeck zu ersetzen.»

«Nein?»

«Man hat einem Fahrzeug gegenüber Verpflichtungen.»

«Das hat man.»

«Haben die Herren denn keine Regenmäntel?»

«Nein», sagte ich. «Ich habe nichts von dem Verdeck gewußt.»

«Versuchen Sie doch, Monsieur zur Vernunft zu bringen», sagte er bittend. «Zumindest, was das Auto anbelangt.»

«Hm», sagte ich.

Eine Stunde nördlich von Lyon mußten wir wegen des Regens haltmachen.

An jenem Tag mußten wir vielleicht zehnmal wegen des Regens haltmachen. Es waren vorübergehende Regenschauer, und einige dauerten länger als andere. Wenn wir Regenmäntel gehabt hätten, wäre es geradezu angenehm gewesen, im Frühlingsregen zu fahren. Aber so suchten wir Schutz unter Bäumen oder hielten vor Cafés an der Straße. Das Hotel in Lyon hatte uns ein wunderbares Lunch mitgegeben, ein ausgezeichnetes, getrüffeltes Brathuhn, vorzügliches Brot und weißen Mâcon, und Scott war sehr glücklich, wenn wir bei jedem Halt den weißen Mâcon tranken. In Mâcon hatte ich weitere vier Flaschen ausgezeichneten Wein gekauft, sie ich nach Bedarf entkorkte.

Ich weiß nicht genau, ob Scott je zuvor Wein aus der Flasche getrunken hatte, und er fand es so aufregend, als ob er sich in einem verrufenen Viertel herumtrieb, oder wie ein Mädchen es aufregend finden mag, wenn sie das erste Mal ohne Badeanzug schwimmen geht. Aber am Frühnachmittag fing er an, sich um seine Gesundheit zu sorgen. Er erzählte mir von zwei Leuten, die kürzlich an einer Lungenkongestion gestorben waren. Beide waren in Italien gestorben, und es hatte ihn tief beeindruckt.

Ich erklärte ihm, daß Lungenkongestion der altmodische Name für Lungenentzündung sei, und er erklärte mir, daß ich gar nichts davon verstünde und mich völlig im Irrtum befände. Lungenkongestion sei eine Krankheit, die in Europa heimisch sei, und ich könne unmöglich etwas davon wissen, selbst wenn ich die medizinischen Bücher meines Vaters gelesen hätte, da sie von Krankheiten handelten, die rein amerikanisch waren. Ich erzählte ihm, daß mein Vater auch in Europa studiert habe. Aber Scott erklärte, daß es Lungenkongestion erst kurze Zeit in Europa gäbe und daß mein Vater unmöglich etwas davon gewußt haben konnte. Er erklärte auch, daß die Krankheiten in den verschiedenen Teilen Amerikas verschieden seien. Und wenn mein Vater in New York statt im Mittelwesten als Arzt tätig gewesen wäre, hätte er eine völlig andere Skala von Krankheiten gekannt. Er gebrauchte das Wort Skala.

Ich sagte, er habe ganz recht, daß gewisse Krankheiten in einem Teil der Vereinigten Staaten aufträten und in anderen nicht, und ich führte die Häufigkeit von Lepra in New Orleans an und das damals sehr seltene Vorkommen in Chicago. Aber ich sagte, daß Ärzte ein System des Wissensaustauschs und der Information untereinander hätten, und jetzt, nachdem er es erwähnt hatte, erinnerte ich mich, den maßgebenden Artikel über Lungenkongestion in Europa im *Journal of the American Medical Association* gelesen zu haben, in dem ihre Geschichte bis zu Hippokrates zurückverfolgt wird. Das beruhigte ihn eine Zeitlang, und ich redete ihm zu, noch etwas Mâcon zu trinken, da ein guter, mäßig schwerer Weißwein mit niedrigem Alkoholgehalt fast ein Heilmittel gegen diese Krankheit ist.

Scotts Miene hellte sich etwas auf, aber kurz darauf sank er wieder in sich zusammen und fragte mich, ob wir wohl eine große Stadt erreichen könnten, ehe Fieber und Delirium einsetzen würden, durch die, wie ich ihm erzählt hatte, sich die echte Lungenkongestion, die europäische, ankündigte. Ich übersetzte ihm jetzt etwas darüber aus einem Artikel, den ich in einer französischen medizinischen Zeitschrift über die gleiche Krankheit gelesen hatte, als ich im amerikanischen Krankenhaus in Neuilly darauf gewartet hatte, daß man meinen Hals kauterisierte. Ein Wort wie kauterisieren hatte eine beruhigende Wirkung auf Scott. Aber er wollte wissen, wann wir in der Stadt wären. Ich sagte, wenn wir ordentlich loslegten, müßten wir es in fünfundzwanzig Minuten bis einer Stunde schaffen.

Dann fragte mich Scott, ob ich Angst vorm Sterben hätte, und ich sagte, zu manchen Zeiten mehr als zu anderen.

Jetzt begann es wirklich heftig zu regnen, und wir suchten in einem Café im nächsten Dorf Schutz. Ich kann mich nicht mehr an alle Einzelheiten dieses Nachmittags erinnern, aber als wir schließlich in einem Hotel waren, aller Wahrscheinlichkeit nach in Châlon-sur-Saône, war es so spät, daß die Apotheken geschlossen waren. Sowie wir im Hotel ankamen, hatte sich Scott ausgezogen und ins Bett gelegt. Es mache ihm nichts aus, an Lungenkongestion zu sterben, sagte er. Es handle sich nur darum, wer für Zelda und Klein Scottie sorgen würde. Ich wußte nicht recht, wie ich für sie sorgen sollte, da es mir sauer genug wurde, für Hadley, meine Frau, und unseren kleinen Sohn Bumby zu sorgen, aber ich sagte, ich würde mein möglichstes tun, und Scott dankte mir. Ich sollte achtgeben, daß Zelda nicht tränke und daß Scottie eine englische Gouvernante bekäme.

Wir hatten unsere Anzüge zum Trocknen gegeben und waren in Pyjamas. Draußen regnete es immer noch, aber im Zimmer bei elektrischem Licht war es ganz behaglich. Scott lag im Bett, um seine Kräfte für den Kampf gegen die Krankheit zu schonen. Ich hatte seinen Puls gezählt, 72 in der Minute, und hatte seine Stirn angefühlt, die kühl war. Ich hatte seine Brust abgehorcht und ihn tief atmen lassen, und sein Atem hörte sich ganz normal an.

«Hör mal, Scott», sagte ich, «du bist völlig okay. Das Beste, was du tun kannst, damit du keine Erkältung bekommst, ist einfach im Bett bleiben. Ich bestelle uns jedem eine Zitronenlimonade und einen Whisky, und du nimmst ein Aspirin mit deinem und wirst dich großartig fühlen und bekommst noch nicht einmal einen Schnupfen.»

«Diese Altweibermittel», sagte Scott.

«Du hast keine Temperatur. Zum Teufel noch mal, wie willst du ohne Temperatur Lungenkongestion haben?»

«Beschimpf mich nicht», sagte Scott. «Woher weißt du, daß ich keine Temperatur habe?»

«Dein Puls ist normal, und du fühlst dich nicht fiebrig an.»

«Fühlst dich nicht an», sagte Scott verbittert. «Wenn du wirklich mein Freund bist, besorgst du mir ein Thermometer.»

«Ich bin im Pyjama.»

«Laß eins besorgen.»

Ich klingelte nach dem Kellner. Er kam nicht, und ich klingelte noch mal, und als er immer noch nicht kam, ging ich den Flur hinunter, um ihn zu suchen. Scott lag mit geschlossenen Augen da; er atmete langsam und behutsam und sah mit seiner wächsernen Farbe und seinen vollkommenen Zügen wie ein kleiner toter Kreuzritter aus. Ich hatte genug vom literarischen Leben, wenn das, was ich da führte, ein literarisches Leben war, und ich vermißte bereits meine Arbeit, und ich fühlte die Einsamkeit des Todes, die am Ende eines jeden Tages kommt, den man in seinem Leben vertan hat. Ich hatte nun genug von Scott und seiner dämlichen Komödie, aber ich fand den Kellner und gab ihm Geld, um ein Thermometer und eine Röhre mit Aspirin zu kaufen, und bestellte zwei *citrons pressés* und zwei doppelte Whisky. Ich versuchte, eine Flasche Whisky zu bestellen, aber sie wollten ihn nur glasweise verkaufen.

Ich ging ins Zimmer zurück, und Scott lag immer noch wie auf seinem Grab, in Stein gehauen, sein eigenes Denkmal, mit geschlossenen Augen, und atmete mit vorbildlicher Würde.

Als er mich ins Zimmer kommen hörte, sprach er: «Hast du das Thermometer bekommen?»

Ich ging zu ihm hinüber und legte meine Hand auf seine Stirn. Sie war nicht so kalt wie das Grab, sie war kühl und nicht schweißig.

«Nix», sagte ich.

«Ich dachte, du hättest es gebracht.»

«Ich habe jemand danach geschickt.»

«Das ist nicht dasselbe.»

«Nein. Das ist es nicht, nicht wahr?»

Man konnte Scott nicht böse sein, ebensowenig wie man einem Verrückten böse sein kann, aber ich wurde wütend auf mich selbst, weil ich mich in diese alberne Geschichte eingelassen hatte.

Es war aber etwas dran, und ich wußte es recht gut. Die meisten Säufer starben damals an Schwindsucht, einer Krankheit, die heutzutage beinahe völlig ausgemerzt ist. Aber man konnte ihn schwerlich als Säufer bezeichnen, da so geringe Mengen Alkohol auf ihn wirkten.

Damals hielten wir in Europa Wein für etwas so Gesundes und Normales wie Essen und auch für einen großen Spender von Glück, Wohlbefinden und Entzücken. Weintrinken war weder Snobismus noch ein Zeichen von feiner Lebensart, noch ein Kult. Es war ebenso natürlich wie Essen und für mich ebenso notwendig. Es wäre mir nie eingefallen, eine Mahlzeit ohne Wein, Apfelwein oder Bier zu mir zu nehmen. Ich mochte alle Weine gern bis auf süße oder süßliche Weine oder Weine, die zu schwer waren, und es wäre mir nie der Gedanke gekommen, daß einige gemeinsam geleerte Flaschen eines ziemlich leichten, herben weißen Mâcon in Scott eine chemische Veränderung hervorrufen könnten, die ihn zum Narren machten. Am Morgen hatten wir den Whisky mit Perrier getrunken, aber da ich damals nicht viel von Alkoholikern verstand, konnte ich mir nicht vorstellen, daß ein Whisky irgend jemandem schaden konnte, der im Regen in einem offenen Auto fuhr. Der Alkohol mußte in sehr kurzer Zeit abgebaut sein.

Während wir auf den Kellner warteten, der die verschiedenen Sachen bringen sollte, saß ich und las eine Zeitung und leerte eine der Flaschen Mâcon, die bei dem letzten Aufenthalt entkorkt worden war.

Es gibt immer ein paar großartige Verbrechen in den Zeitungen, die man Tag für Tag verfolgen kann, wenn man in Frankreich lebt. Diese Verbrechen lesen sich wie Fortsetzungsromane, und es ist wesentlich, die Anfangskapitel gelesen zu haben, da keine Inhaltsangaben geliefert werden wie bei amerikanischen Fortsetzungsromanen, und selbst so ein Roman in einer amerikanischen Zeitschrift ist keinesfalls so gut, wenn man nicht das überaus wichtige erste Kapitel gelesen hat. Wenn man durch Frankreich reist, sind die Zeitungen enttäuschend, weil man um die Vorgeschichten der verschiedenen *crimes, affaires* oder *scandales* gebracht wird, und man kommt um viel Vergnügen, das man beim Lesen in einem Café von ihnen hat. Heute abend wäre ich sehr viel lieber in einem Café gewesen, wo ich die Morgenausgaben der Pariser Zeitungen hätte lesen können und die Leute hätte beobachten können und vor dem Essen etwas Gewichtigeres zu trinken gehabt hätte als den Mâcon. Aber ich hatte auf Scott aufzupassen, also vergnügte ich mich, wo ich war.

Als der Kellner mit den zwei Gläsern mit dem ausgepreßten Zitronensaft und Eis, den Whiskies und der Flasche Perrier erschien, sagte er zu mir, daß die Apotheke geschlossen sei und er kein Thermometer bekommen könne. Er habe sich etwas Aspirin geborgt. Ich bat ihn, er solle doch zusehen, ob er sich ein Thermometer borgen könne.

Scott öffnete die Augen und warf einen unheilvollen irischen Blick auf den Kellner.

«Hast du ihm gesagt, wie ernst es ist?» fragte er.

«Ich glaube, er hat es verstanden.»

«Bitte versuche, es ihm klarzumachen.»

Ich versuchte, es ihm klarzumachen, und der Kellner sagte: «Ich bringe Ihnen, was ich kann.»

«Hast du ihm auch genug Trinkgeld gegeben? Sie arbeiten nur für Trinkgelder.»

«Das wußte ich nicht», sagte ich. «Ich dachte, daß das Hotel ihnen noch nebenbei was bezahlt.»

«Ich meine eben, daß sie nur gegen ein ansehnliches Trinkgeld etwas für dich tun. Die meisten von ihnen sind durch und durch korrupt.»

Ich dachte an Evan Shipman, und ich dachte an den Kellner in der *Closerie*, den man gezwungen hatte, seinen Schnurrbart abzunehmen, als sie eine *American Bar* in der *Closerie* aufmachten, und daß Evan draußen in seinem Garten in Montrouge gearbeitet hatte, lange ehe ich Scott kennenlernte, und was wir alle in der *Closerie* für gute Freunde waren und lange Zeit gewesen waren, und an all die Veränderungen, die gemacht worden waren, und was sie uns allen bedeuteten. Ich wollte gelegentlich Scott das ganze Problem von der *Closerie* erzählen, obgleich ich es wahrscheinlich ihm gegenüber schon mal erwähnt hatte, aber ich wußte, daß er sich nichts aus Kellnern und ihren Problemen noch ihrer großen Gutmütigkeit und ihren Zuneigungen machte. Zu jener Zeit haßte Scott die Franzosen, und da Kellner, Chauffeure, Garagenangestellte und Hauswirte, die er nicht verstand, fast die einzigen Franzosen waren, mit denen er dauernd zu tun hatte, fand er reichlich Gelegenheit, sie zu beleidigen und zu beschimpfen.

Er haßte die Italiener noch mehr als die Franzosen und konnte, selbst wenn er nüchtern war, nicht ruhig über sie sprechen. Engländer haßte er häufig auch, aber manchmal ließ er sie gelten, und gelegentlich sah er zu ihnen auf. Ich weiß nicht, was er Deutschen und Österreichern gegenüber empfand. Ich weiß nicht, ob er damals je welche – oder auch Schweizer – getroffen hatte.

An diesem Abend im Hotel war ich hocherfreut, weil er so friedlich war. Ich hatte den Zitronensaft mit dem Whisky vermischt und hatte ihm das mit zwei Aspirins gegeben, und er hatte die Aspirins ohne Protest und mit bewundernswerter Ruhe geschluckt und schlürfte seinen Drink. Seine Augen waren jetzt offen und blickten ins Weite. Ich las das *crime* im Innenteil der Zeitung und war vollkommen glücklich, zu glücklich anscheinend.

«Du bist gefühllos, nicht wahr?» fragte Scott, und als ich ihn anblickte, sah ich, daß ich mich mit meiner Verordnung, wenn nicht sogar mit meiner Diagnose geirrt hatte und daß der Whisky gegen uns arbeitete.

«Wie meinst du das, Scott?»

«Du sitzt da und liest dies französische Drecksblatt, und es bedeutet dir überhaupt nichts, daß ich sterbe.»

«Willst du, daß ich einen Arzt rufe?»

«Nein. Ich will keinen schmutzigen französischen Provinzarzt.»

«Was willst du denn?»

«Ich will gemessen werden. Dann will ich, daß meine Sachen getrocknet werden und daß wir einen Express-Zug nach Paris nehmen, und ich will ins Amerikanische Krankenhaus in Neuilly.»

«Unsere Sachen werden nicht vor morgen früh trocken sein, und Express-Züge gibt es nicht», sagte ich. «Warum ruhst du dich nicht aus und ißt dein Abendessen im Bett?»

«Ich will gemessen werden.»

Nachdem dies eine ganze Weile so gegangen war, brachte der Kellner ein Thermometer.

«Ist dies das einzige, das Sie bekommen konnten?» fragte ich.

Scott hatte die Augen geschlossen, als der Kellner hereinkam, und er sah zum mindesten so weit hinüber aus wie Camille. Ich habe nie einen Menschen gesehen, dessen Blut so schnell aus seinem Gesicht schwand, und ich überlegte, wo es wohl bliebe.

«Das ist das einzige im Hotel», sagte der Kellner und reichte mir das Thermometer. Es war ein Badethermometer mit einer hölzernen Rückseite und genügend Metall, um im Bad unterzusinken. Ich nahm einen kräftigen Schluck Whisky Sour und öffnete einen Augenblick das Fenster, um in den Regen hinauszusehen. Als ich mich umdrehte, beobachtete mich Scott.

Ich schüttelte das Thermometer sachgemäß herunter und sagte: «Du hast Glück, daß es kein Rektalthermometer ist.»

«Wo steckt man so ein Ding hin?»

«Unter den Arm», sagte ich zu ihm und steckte es unter meinen Arm.

«Bring die Temperatur nicht durcheinander», sagte Scott.

Ich schlug das Thermometer mit einem einzigen Ruck hinunter und knöpfte seine Pyjamajacke auf und schob das Instrument in seine Achselhöhle, während ich seine kühle Stirn befühlte und dann nochmals seinen Puls zählte. Er starrte unverwandt geradeaus. Sein Puls war zweiundsiebzig. Ich ließ das Thermometer vier Minuten lang drin.

«Ich dachte, man läßt es nur eine Minute drin», sagte Scott.

«Dies ist ein großes Thermometer», erklärte ich. «Man multipliziert mit dem Quadrat der Größe des Thermometers. Es ist ein hundertgradiges Thermometer.»

Schließlich nahm ich das Thermometer heraus und nahm es hinüber unter die Leselampe.

«Wieviel ist es?»

«Siebenunddreißig und sechs Zehntel.»
«Was ist normal?»
«Das ist normal.»
«Bist du sicher?»
«Ganz sicher.»
«Versuch's mal bei dir. Ich muß sichergehen.»

Ich schüttelte das Thermometer herunter und öffnete meine Pyjamajacke und steckte das Thermometer in meine Achselhöhle, und hielt es da, während ich auf die Uhr blickte. Dann sah ich es mir an.

«Wieviel ist es?» Ich betrachtete es aufmerksam.

«Genau dasselbe.»

«Wie fühlst du dich?»

«Ausgezeichnet», sagte ich und suchte mich zu erinnern, ob siebenunddreißig sechs wirklich normal war oder nicht. Es machte nichts aus, denn das Thermometer stand unverändert auf dreißig.

Scott war etwas mißtrauisch, deshalb fragte ich ihn, ob er wünsche, daß ich noch eine zweite Probe machen solle.

«Nein», sagte er, «wir können froh sein, daß es sich so schnell gegeben hat. Ich habe immer die Fähigkeit gehabt, mich rasch zu erholen.»

«Es geht dir ausgezeichnet», sagte ich, «aber ich glaube, es wäre genausogut, wenn du im Bett bleibst und etwas Leichtes zu Abend ißt, und dann können wir morgen früh aufbrechen.» Ich hatte geplant, uns Regenmäntel zu kaufen. Aber dafür hätte ich mir Geld von ihm borgen müssen, und ich wollte jetzt nicht mit ihm darüber diskutieren.

Scott wollte nicht im Bett bleiben. Er wollte aufstehen, sich anziehen und hinuntergehen und Zelda anrufen, damit sie wisse, daß es ihm gut ginge.

«Warum soll sie denn denken, daß es dir nicht gutgeht?»

«Dies ist die erste Nacht, seit wir verheiratet sind, die ich von ihr getrennt geschlafen habe. Und ich muß sie sprechen. Du kannst doch verstehen, was es für uns beide bedeutet, nicht wahr?»

Das konnte ich schon, aber ich konnte nicht verstehen, wie er und Zelda in der vergangenen Nacht zusammen geschlafen haben konnten, aber darüber ließ sich nicht diskutieren.

Scott trank den Whisky Sour jetzt sehr schnell hinunter und bat mich, einen zweiten zu bestellen. Ich fand den Kellner und gab ihm das Thermometer zurück und fragte ihn, was unsere Anzüge machten. Er meinte, sie könnten wohl in einer Stunde trocken sein. «Der *valet* soll sie bügeln, das wird sie trocknen. Es ist nicht nötig, daß sie knochentrocken sind.»

Der Kellner brachte die beiden Whiskies gegen die Erkältungsgefahr, und ich schlürfte meinen und beschwor Scott, seinen langsam zu schlürfen. Ich machte mir jetzt Gedanken, er möge sich erkälten, und jetzt war ich so weit, einzusehen, daß man ihn, wenn er je etwas so definitiv Schlimmes wie eine Erkältung haben sollte, wahrscheinlich ins Krankenhaus schaffen müßte. Aber durch den Whisky fühlte er sich eine Zeitlang wunderbar, und er war glücklich über die tragischen Verwicklungen seiner und Zeldas erster Nacht der Trennung seit ihrer Hochzeit. Schließlich konnte er nicht länger mit dem Anruf warten, und er zog seinen Morgenrock an und ging hinunter, um das Gespräch anzumelden.

Es würde eine ganze Weile dauern, die Verbindung herzustellen, und kurz nachdem er wieder oben war, erschien der Kellner mit zwei weiteren doppelten Whisky Sour. Soviel hatte ich Scott noch nie trinken sehen, aber sie hatten keine Wirkung auf ihn, außer daß sie ihn angeregter und gesprächiger machten, und er fing an, mir in großen Zügen sein Leben mit Zelda zu erzählen. Er erzählte mir, wie er sie während des Krieges kennengelernt hatte und sie dann verlor und zurückgewann und über ihre Ehe und dann über etwas Tragisches, das ihnen in Saint-Raphaël vor ungefähr einem Jahr passiert war. Diese erste Version von Zeldas Liebesaffäre mit einem französischen Marineflieger war wahrlich eine traurige Geschichte, und ich glaube, es war eine wahre Geschichte. Später erzählte er mir andere Versionen davon, als ob er sie zur Verwertung in einem Roman ausprobieren wollte, aber keine war so traurig wie diese erste, und ich glaubte immer an die erste, obschon jede von ihnen hätte wahr sein können. Jedesmal erzählte er sie besser, aber sie schmerzten einen niemals so, wie es die erste getan hatte.

Scott konnte sich sehr klar und deutlich ausdrücken und eine Geschichte gut erzählen. Er brauchte die Worte nicht zu buchstabieren, noch zu versuchen, richtig zu interpunktieren, und man hatte nicht wie beim Lesen seiner Briefe, ehe sie korrigiert waren, das Gefühl, einen Analphabeten vor sich zu haben. Ich kannte ihn zwei Jahre lang, ehe er meinen Namen buchstabieren konnte, aber es war ja auch ein langer Name, und vielleicht wurde es mit der Zeit immer schwerer, ihn zu buchstabieren, und ich zollte ihm große Anerkennung, weil er ihn schließlich richtig buchstabieren konnte. Er lernte wichtigere Dinge zu buchstabieren, und er versuchte, sich über viele andere klar zu werden.

An jenem Abend jedoch wollte er, daß ich wußte und verstand und richtig einschätzte, was es war, was in Saint-Raphaël passiert war, und ich sah es so deutlich vor mir, daß ich das einsitzige Wasserflugzeug das Springfloß umschwirren sah und die Farbe des Meeres und die Form der Pontons und den Schatten, den sie warfen, und Zeldas Sonnenbräune und Scotts Sonnenbräune und das Dunkelblond und das Hellblond ihres Haares und das dunkelgebräunte Gesicht des Jungen, der in Zelda verliebt war. Die Frage, die mir im Sinn war, konnte ich nicht stellen, wie, falls diese Geschichte wahr sei, und es alles geschehen war, Scott jede Nacht mit Zelda im selben Bett geschlafen haben konnte. Aber vielleicht war es das, was es trauriger machte als irgendeine Geschichte, die mir jemals jemand erzählt hatte, oder vielleicht erinnerte er sich einfach nicht, so wie er sich auch nicht an gestern nacht erinnerte.

Unsere Anzüge kamen noch vor dem Anruf, und wir zogen uns an und gingen hinunter zum Essen. Scott schwankte jetzt ein bißchen, und er sah die Leute mit einer gewissen Feindseligkeit aus den Augenwinkeln an. Wir begannen mit sehr guten Schnecken und einer Karaffe Fleurie, und als wir ungefähr halbwegs durch waren, kam Scotts Gespräch. Er war ungefähr eine Stunde fort, und ich aß schließlich seine Schnecken, stippte die Butter, den Knoblauch und die Petersiliensauce mit abgebrochenen Brotstücken auf und trank die Karaffe Fleurie aus. Als er zurückkam, sagte ich, ich würde ihm neue Schnecken bestellen, aber er sagte, daß er keine haben wolle. Er wollte etwas Leichtes. Er wollte weder ein Steak noch Leber mit Speck, noch ein Omelette. Er wollte Huhn essen. Wir hatten mittags sehr gutes kaltes Huhn gegessen, aber dies hier war noch berühmtes Hühnerland, also bestellten wir *poularde de Bresse* und eine Flasche Montagny, einen leichten, angenehmen Weißwein aus der Gegend. Scott aß sehr wenig und nippte an seinem einen Glas Wein. Bei Tisch wurde er bewußtlos; sein Kopf lag auf den Händen. Es war echt und kein Theater, und es sah sogar so aus, als ob er vorsichtig war, nichts zu verschütten oder zu zerbrechen. Der Kellner und ich schafften ihn hinauf in sein Zimmer und legten ihn aufs Bett, und ich zog ihn bis auf sein Unterzeug aus, hängte seinen Anzug auf, streifte die Decke vom Bett und breitete sie über ihn. Ich öffnete das Fenster und sah, daß es draußen klar war, und ließ das Fenster offen.

Unten beendete ich mein Essen und dachte über Scott nach. Es war klar, daß er überhaupt nicht trinken durfte, und ich hatte nicht gut auf ihn aufgepaßt. Alles, was er trank, schien ihn zu sehr anzuregen und ihn dann zu vergiften, und ich plante, das Trinken am nächsten Tag auf ein Minimum einzuschränken. Ich würde ihm sagen, daß wir jetzt nach Paris zurückkämen und ich enthaltsam sein müsse, um schreiben zu können. Das war nicht wahr. Mein Training bestand darin, niemals nach dem Abendessen zu trinken, noch bevor ich schrieb, noch während ich schrieb. Ich ging hinauf, machte alle Fenster auf und zog mich aus und schlief gleich ein, sobald ich im Bett war.

Am nächsten Tag, an einem herrlichen Tag, fuhren wir durch die Côte d'Or hinauf nach Paris, in frischer, gewaschener Luft, und die Hügel und die Felder und die Weingärten waren wie neu, und Scott war sehr vergnügt und glücklich und wohl und erzählte mir die Handlung von Michael Arlens sämtlichen Romanen. Michael Arlen, sagte er, sei ein Mann, den man im Auge behalten müsse, und er und ich könnten beide viel von ihm lernen. Ich sagte, ich könne seine Bücher nicht lesen. Er sagte, das brauchte ich nicht. Er würde mir die Handlungen erzählen und die Charaktere beschreiben. Er hielt mir eine Art von mündlicher Dissertation über Michael Arlen.

Ich fragte ihn, ob er am Telefon eine gute Verständigung gehabt hätte, als er mit Zelda sprach, und er sagte, es sei nicht schlecht gewesen und daß sie sich über vielerlei unterhalten hätten. Bei den Mahlzeiten bestellte ich eine Flasche von dem leichtesten Wein, den ich ausfindig machen konnte, und sagte zu Scott, er täte mir einen großen Gefallen, wenn er mich daran hinderte, mehr zu bestellen, da ich trainieren müsse, ehe ich mit Schreiben begann und unter keinen Umständen mehr als eine halbe Flasche trinken sollte. Er machte großartig mit, und als er mich nervös auf den Rest unserer einen Flasche blicken sah, gab er mit etwas von seinem Teil ab.

Nachdem ich ihn zu Hause abgesetzt und ein Taxi zur Sägemühle genommen hatte, war es wunderbar, meine Frau wiederzusehen, und wir gingen zur *Closerie*, um etwas zu trinken. Wir waren so glücklich wie Kinder, die getrennt waren und wieder zusammen sind, und ich erzählte ihr von der Reise.

«Aber hattest du denn gar keinen Spaß, und hast du denn nichts gelernt, Tatie?» fragte sie.

«Ich hätte was über Michael Arlen gelernt, wenn ich zugehört hätte, und ich habe Dinge gelernt, über die ich mir noch nicht klar bin.»

«Ist Scott denn gar nicht glücklich?»

«Kann sein.»

«Der Arme.»

«Eines habe ich gelernt.»

«Was?»

«Niemals mit irgend jemanden auf die Reise zu gehen, den man nicht lieb hat.»

«Ist das nicht herrlich?»

«Ja, und wir fahren nach Spanien.»

«Ja, jetzt sind es noch knapp sechs Wochen, bis wir fahren. Und dies Jahr lassen wir es uns von keinem verderben, nicht wahr?»

«Nein, und von Pamplona fahren wir nach Madrid und nach Valencia.»

«M-m-m-m», sagte sie leise wie eine Katze.

«Armer Scott», sagte ich.

«Armer Jedermann», sagte Hadley. «Reiche Federkatzen ohne Geld.»

«Wir haben schon tolles Glück.»

«Wir müssen brav sein und es festhalten.»

Wir klopften beide auf den Café-Tisch, und der Kellner kam heran, um zu sehen, was wir wollten. Aber was wir wollten, konnte weder er noch sonst jemand noch Klopfen gegen Holz oder Marmor, woraus die Platte dieses Tisches bestand, uns bringen. Aber an jenem Abend wußten wir das nicht, und wir waren sehr glücklich.

Ein oder zwei Tage nach der Reise brachte uns Scott sein Buch herüber. Es hatte einen grellen Schutzumschlag, und ich erinnere mich, daß ich von der Häßlichkeit, dem schlechten Geschmack und dem schlüpfrigen Aussehen peinlich berührt war. Es sah wie der Schutzumschlag eines schlechten utopischen Romans aus. Scott sagte mir, ich sollte mich nicht davon abschrecken lassen und es habe etwas mit einer Plakatwand auf einer Landstraße in Long Island zu tun, die in der Geschichte eine Rolle spiele. Er sagte, zuerst habe er den Umschlag gemocht, und jetzt gefiele er ihm gar nicht. Ich nahm ihn ab, bevor ich das Buch las.

Als ich mit dem Buch fertig war, wußte ich, daß, ganz gleich, was Scott tat noch wie er sich benahm, ich daran denken mußte, daß es eine Art Krankheit sei und daß ich ihm helfen mußte, soweit ich konnte, und versuchen mußte, ein guter Freund zu sein. Er hatte viele gute, gute Freunde, mehr als irgend jemand, den ich kannte. Aber ich merkte mich als ein weiterer vor, ob ich ihm nun von Nutzen sein konnte oder nicht. Wenn er ein so fabelhaftes Buch wie *Der große Gatsby* schreiben konnte, war ich sicher, daß er sogar ein noch besseres schreiben konnte. Damals kannte ich Zelda noch nicht, und deshalb wußte ich nicht, mit welchem Handicap er belastet war. Aber wir sollten es bald genug kennenlernen.

Habichte teilen nicht

Scott Fitzgerald lud uns ein, mit ihm, Zelda, seiner Frau, und seiner kleinen Tochter in der möblierten Wohnung, die sie in der Rue de Tilsitt 14 gemietet hatten, zu Mittag zu essen. Von der Wohnung ist mir nicht viel in Erinnerung geblieben, außer daß sie düster und luftlos war und daß nichts darin war, das ihnen zu gehören schien außer Scotts ersten Büchern in hellblauem Leder gebunden und den Titeln in Gold. Scott zeigte uns auch ein großes Hauptbuch, in dem all die Geschichten, die er veröffentlicht hatte, Jahr für Jahr mit den Beträgen, die er für sie bekommen hatte, eingetragen waren und auch alle Summen, die er für irgendwelche Filmverkäufe erhalten hatte und die Honorare und die Tantiemen für seine Bücher. Alles war so sorgfältig eingetragen wie im Logbuch eines Schiffes, und Scott zeigte es uns beiden mit unpersönlichem Stolz, als ob er der Verwaltungsdirektor eines Museums wäre. Scott war nervös und gastfreundlich, und er zeigte uns die Abrechnungen seiner Einnahmen, als ob sie die Aussicht auf die Zukunft gewesen wären. Es gab keine Aussicht.

Zelda hatte einen furchtbaren Kater. Am vergangenen Abend waren sie in Montmartre gewesen und hatten sich gezankt, weil Scott sich nicht betrinken wollte. Er hatte beschlossen, so erzählte er mir, ernsthaft zu arbeiten und nicht zu trinken, und Zelda behandelte ihn, als ob er ein Störenfried und Spielverderber wäre. Dies waren die zwei Ausdrücke, die sie für ihn gebrauchte, und es gab Beschuldigungen, und Zelda sagte dann: «Das hab ich nicht getan. Ich hab nichts Derartiges getan. Es ist nicht wahr, Scott.» Später schien sie sich an etwas zu erinnern und lachte beglückt.

An diesem Tag sah Zelda nicht zum besten aus. Ihr wunderschönes dunkelblondes Haar war vorübergehend durch eine schlechte Dauerwelle verschandelt, die sie sich in Lyon hatte machen lassen, als der Regen sie zwang, das Auto im Stich zu lassen, und ihre Augen waren müde, und ihr Gesicht war zu gespannt und verzerrt.

Sie war konventionell liebenswürdig zu Hadley und mir, aber ein großer Teil von ihr schien nicht anwesend zu sein, sondern noch auf der Party, von der sie an jenem Morgen nach Hause gekommen war. Sie und Scott hatten beide anscheinend das Gefühl, daß Scott und ich uns fabelhaft auf der Reise von Lyon herauf amüsiert hatten, und sie war eifersüchtig darauf.

«Wenn ihr beiden losziehen und euch so fabelhaft amüsieren könnt, scheint es wohl nur gerecht, daß ich mit unseren guten Freunden hier in Paris ein bißchen Spaß habe», sagte sie zu Scott.

Scott spielte den vollendeten Gastgeber, und wir aßen eine sehr schlechte Mahlzeit, die durch den Wein ein bißchen, aber nicht viel aufgeheitert wurde. Das kleine Mädchen war blond, pausbäckig, gut gewachsen und sah sehr gesund aus und sprach Englisch mit einem starken Cockney-Akzent. Scott erklärte mir, daß sie eine englische Kinderfrau habe, weil er wünschte, daß sie, wenn sie heranwüchse, wie Lady Diana Manners sprechen würde.

Zelda hatte Habichtsaugen und einen schmalen Mund und die Manieren und den Akzent der Südstaaten. Wenn man ihr Gesicht beobachtete, konnte man sehen, wie sie im Geist den Tisch verließ und zu der nächtlichen Party ging, und dann kam sie zurück, und ihre Augen waren so leer wie die einer Katze und dann befriedigt, und die Befriedigung zeigte sich auf ihren schmalen Lippen und verschwand dann. Scott spielte den gutgelaunten Gastgeber, und als er Wein trank, blickte Zelda ihn an und lächelte glücklich mit den Augen und auch mit dem Mund. Dieses Lächeln lernte ich nur zu gut kennen. Es bedeutete, daß sie wußte, Scott werde nicht zum Arbeiten fähig sein.

Zelda war eifersüchtig auf Scotts Arbeit, und als wir sie besser kannten, wurde dies zu einer regelmäßig wiederkehrenden Gewohnheit. Scott entschloß sich, nicht mehr auf ganznächtige Trinkgelage zu gehen und sich jeden Tag etwas Bewegung zu machen und regelmäßig zu arbeiten. Er fing mit der Arbeit an, und sobald er richtig bei der Arbeit war, fing Zelda an, sich zu beschweren, wie sehr sie sich langweile, und schleppte ihn auf eine andere Saufparty. Dann zankten sie sich, und dann versöhnten sie sich, und er schwitzte auf langen Spaziergängen mit mir den Alkohol aus und nahm sich vor, von nun an wirklich zu arbeiten, und er fing auch gut an, und dann ging alles wieder von vorne los.

Scott war sehr verliebt in Zelda, und er war sehr eifersüchtig auf sie. Er erzählte mir viele Male auf unseren Spaziergängen, wie sie sich in einen französischen Marineflieger verliebt hatte. Aber seitdem hatte sie ihn niemals mit irgendeinem anderen Mann wirklich eifersüchtig gemacht. In diesem Frühjahr machte sie ihn mit anderen Frauen eifersüchtig, und auf den Montmartre-Parties hatte er Angst, bewußtlos zu werden, und er hatte Angst, daß sie bewußtlos werden würde. Dieses Bewußtloswerden, wenn sie tranken, war immer ihr großer Schutz gewesen. Sie schliefen ein, wenn sie eine Menge Schnaps oder Champagner tranken, die bei einem Menschen, der an Trinken gewöhnt war, wenig Wirkung gehabt hätte, und sie schliefen wie die Kinder ein. Ich habe sie bewußtlos werden sehen, nicht als ob sie betrunken waren, sondern als ob man sie unter Narkose gesetzt hatte, und ihre Freunde oder manchmal ein Taxichauffeur brachten sie dann zu Bett, und wenn sie aufwachten, waren sie frisch und vergnügt, da sie bewußtlos wurden, ehe sie genug Alkohol zu sich genommen hatten, um ihre Körper zu schädigen.

Jetzt hatten sie diesen natürlichen Schutz verloren. Zu dieser Zeit konnte Zelda mehr trinken, als Scott trinken konnte, und Scott hatte Angst, daß sie in der Gesellschaft, in der sie sich in diesem Frühling bewegten, und an den Orten, wo sie hingingen, bewußtlos werden würde. Scott gefielen weder die Orte noch die Leute, und er mußte mehr trinken, als er trinken konnte, um sich selber in der Gewalt zu haben, um die Leute und die Orte ertragen zu können, und dann fing er an zu trinken, um wach zu bleiben, wenn er früher gewöhnlich bewußtlos geworden war. Schließlich hatte er überhaupt nur noch wenige Arbeitsperioden.

Er versuchte immer, zu arbeiten. Jeden Tag versuchte er es und versagte. Er schob die Schuld für sein Versagen auf Paris, dieser für einen Schriftsteller zum Schreiben am besten geeigneten Stadt, die es gibt, und er dachte immer, daß es irgendeinen Ort geben müsse, wo er und Zelda wieder ein gutes Leben zusammen führen könnten. Er dachte an die Riviera, wie sie damals war, ehe alles verbaut wurde, mit den wunderbaren Strecken von blauem Meer und den Sandstränden und den Strecken von Pinienwäldern und den Bergen des Esterel, die ins Meer hinausgingen. Er erinnerte sich daran, wie es war, als er und Zelda es entdeckt hatten, bevor die Leute im Sommer hingingen.

Scott erzählte mir von der Riviera und daß meine Frau und ich im nächsten Sommer hinkommen müßten, und wie wir hinkommen könnten, und daß er für uns einen Ort finden würde, der nicht zu teuer war, und wir beide würden jeden Tag richtig arbeiten und schwimmen und am Strand liegen und braun werden und nur einen Apéritif vor dem Mittagessen und einen vor dem Abendessen trinken. Zelda würde dort glücklich sein, sagte er. Sie schwamm riesig gern und war eine ausgezeichnete Kopfspringerin, und sie war glücklich bei einem solchen Leben, und sie würde wollen, daß er arbeitete, und alles sollte ordentlich geregelt sein. Er und Zelda und ihre Tochter würden in jenem Sommer hinfahren.

Ich versuchte, ihn dahin zu bringen, seine Geschichten so gut zu schreiben, wie er konnte und nicht mit Tricks, so daß sie einem Schema entsprachen, wie er es mir früher einmal erklärt hatte.

«Du hast jetzt einen ausgezeichneten Roman geschrieben», sagte ich zu ihm, «und du darfst keinen Kitsch schreiben.»

«Der Roman verkauft sich nicht», sagte er. «Ich muß Geschichten schreiben, und es müssen Geschichten sein, die sich verkaufen.»

«Schreib die beste Geschichte, die du schreiben kannst, und schreib sie so direkt, wie du kannst.»

«Das werde ich tun», sagte er.

Aber wie die Dinge standen, hatte er Glück, wenn er überhaupt zum Arbeiten kam. Zelda ermunterte die Leute nicht, die ihr nachstellten, und sie sagte, sie habe nichts mit ihnen zu tun. Aber es amüsierte sie, und es machte Scott eifersüchtig, und er mußte mit ihr überall hingehen. Es zerstörte seine Arbeit, und sie war eifersüchtiger auf seine Arbeit als auf irgend etwas anderes.

Dieses ganzen Spätfrühling und Frühsommer hindurch kämpfte Scott um seine Arbeit, aber er kam nur unregelmäßig zum Arbeiten.

Wenn ich ihn sah, war er immer vergnügt, manchmal verzweifelt vergnügt, und er machte gute Witze und war ein guter Gesellschafter. Wenn er sehr schlimme Zeiten durchmachte, hörte ich ihm zu und versuchte ihm klarzumachen, daß er ganz seinem Wesen nach schreiben könne, wenn er sich nur zusammennähme, und daß nur der Tod unwiderruflich sei. Dann machte er sich über sich lustig, und solange er das tun konnte, glaubte ich, daß er in Sicherheit war. In all dieser Zeit schrieb er eine gute Geschichte, *The Rich Boy*, und ich war überzeugt, daß er noch besser schreiben konnte – wie er es später tat.

Während des Sommers waren wir in Spanien, und ich begann mit dem ersten Entwurf für einen Roman und beendete ihn – zurück in Paris – im September. Scott und Zelda waren in Cap d'Antibes gewesen, und als ich ihn in jenem Herbst in Paris wiedersah, war er sehr verändert. An der Riviera war er keineswegs nüchterner geworden, und jetzt war er sowohl am Tag wie nachts betrunken. Es kümmerte ihn jetzt nicht mehr, ob irgend jemand arbeitete, und er erschien in der Rue Notre-Dame-des-Champs 113 jedesmal, wenn er betrunken war sowohl am Tag wie nachts. Er hatte angefangen, zu allen, die ihm unterlegen waren, oder die er für unterlegen hielt, sehr grob zu sein.

Einmal kam er mit seiner kleinen Tochter durch das Tor der Sägemühle herein – die englische Kinderfrau hatte ihren freien Tag, und Scott kümmerte sich um das Kind –, und am Fuße der Treppe sagte sie ihm, sie müsse auf die Toilette gehen. Scott fing an, sie auszuziehen, und der Hausbesitzer, der auf der Etage unter uns wohnte, kam hinzu und sagte: «Monsieur, gerade vor Ihnen, links von der Treppe, ist ein *cabinet de toilette*.»

«Ja, und ich werde auch Ihren Kopf reinstecken, wenn Sie sich nicht in acht nehmen», sagte Scott zu ihm.

Den ganzen Herbst über war er sehr schwierig, aber er hatte begonnen, an einem Roman zu arbeiten, wenn er nüchtern war. Ich sah ihn selten, wenn er nüchtern war, aber wenn er nüchtern war, war er immer angenehm, und er machte immer noch Witze, und manchmal machte er sich auch noch über sich selbst lustig. Aber wenn er betrunken war, kam er gewöhnlich, um mich aufzusuchen, und wenn er betrunken war, machte es ihm beinahe ebensoviel Vergnügen, mich bei der Arbeit zu stören, wie es Zelda machte, ihn bei seiner zu stören. Das ging jahrelang so, aber auch jahrelang hatte ich keinen loyaleren Freund als Scott, wenn er nüchtern war.

In jenem Herbst 1925 war er aufgebracht, weil ich ihm nicht das Manuskript von dem ersten Entwurf von *Fiesta* zeigen wollte. Ich erklärte ihm, daß es nichts wäre, bis ich es überarbeitet und neu geschrieben hätte, und daß ich es vorher mit niemandem diskutieren noch irgend jemandem zeigen wollte. Sobald der erste Schnee fiel, wollten wir nach Schruns im Vorarlberg fahren.

Ich arbeitete die erste Hälfte des Manuskripts dort um, und ich glaube, ich beendete es im Januar. Ich nahm es mit nach New York und zeigte es Max Perkins bei Scribner's und fuhr dann zurück nach Schruns und arbeitete das Buch dort zu Ende um. Scott sah es nicht, bis das völlig umgearbeitete und gekürzte Manuskript Ende April an Scribner's geschickt war. Ich erinnere mich, daß ich mit ihm darüber scherzte und daß er sich besorgt zeigte und helfen wollte, wie immer, wenn etwas fertig war. Aber während ich es umarbeitete, wollte ich seine Hilfe nicht.

Während wir im Vorarlberg lebten und ich das Umschreiben des Romans beendete, hatten Scott und seine Frau und sein Kind Paris verlassen und waren in einem Badeort in den Pyrenäen. Zelda war krank gewesen mit jenen wohlbekannten Darmbeschwerden, die durch zuviel Champagner hervorgerufen werden und die man damals als Dickdarmkatarrh diagnostizierte. Scott trank nicht, fing an zu arbeiten, und er wollte, daß wir im Juni nach Juan-les-Pins kämen. Sie würden eine billige Villa für uns finden, und diesmal würde er nicht trinken, und es würde wie in den guten alten Zeiten sein, und wir würden schwimmen und gesund und braungebrannt sein und einen Apéritif vor dem Lunch und einen vor dem Abendessen trinken.

Zelda war wieder gesund, und es ging ihnen beiden glänzend, und mit seinem Roman ging es wunderbar. Es lief Geld von der erfolgreichen Dramatisierung von *Der große Gatsby* ein, und es würde sich auch als Film verkaufen lassen, und er hatte keine Sorgen. Zelda ging es wirklich ausgezeichnet, und alles würde ordentlich geregelt sein.

Ich war im Mai allein zum Arbeiten in Madrid gewesen, und ich fuhr mit dem Zug von Bayonne – dritter Klasse – nach Juan-les-Pins und war sehr hungrig, weil mir dummerweise das Geld ausgegangen war, und ich zuletzt in Hendaye an der französisch-spanischen Grenze gegessen hatte. Es war eine hübsche Villa, und Scott hatte ein sehr schönes Haus nicht weit entfernt, und ich war sehr glücklich, meine Frau, die das Haus großartig führte, und unsere Freunde wiederzusehen, und der eine Apéritif vor dem Lunch war sehr gut, und wir tranken noch einige mehr. An jenem Abend war eine Party, um uns im Casino willkommen zu heißen, nur eine kleine Party, die MacLeishs, die Murphys, die Fitzgeralds und wir, die wir in der Villa wohnten. Niemand trank etwas Stärkeres als Champagner, und es ging sehr vergnügt zu, und offensichtlich war es ein ausgezeichneter Ort zum Schreiben. Dort würde es alles geben, was ein Mann zum Schreiben brauchte, bis aufs Alleinsein.

Zelda war wunderschön und prachtvoll goldgebräunt, und ihr Haar war von einem wunderschönen dunklen Gold, und sie war sehr freundschaftlich.

Ihre Habichtsaugen waren klar und ruhig. Ich wußte, alles war in Ordnung und würde schließlich gut ausgehen, als sie sich vorbeugte und zu mir sagte und mir ihr großes Geheimnis erzählte. «Ernest, glaubst du nicht, daß Al Jolson größer ist als Jesus?»

Niemand machte sich zu der Zeit darüber Gedanken. Es war nur Zeldas Geheimnis, das sie mit mir teilte, wie ein Habicht vielleicht etwas mit einem Menschen teilt. Aber Habichte teilen nicht. Scott schrieb überhaupt nichts mehr, was gut war, bis viel später, nachdem er wußte, daß sie geisteskrank war.

Eine Frage der Maße

Viel später, zur Zeit als Zelda das hatte, was man damals ihren ersten Nervenzusammenbruch nannte, und wir gerade zur gleichen Zeit in Paris waren, lud mich Scott zum Mittagessen ins Restaurant *Michaud* an der Ecke der Rue Jacob und der Rue des Saints-Pères, ein. Er sagte, er habe mich etwas sehr Wichtiges zu fragen, was ihm mehr als alles auf der Welt bedeutete, und daß ich absolut wahrheitsgemäß antworten müsse. Ich sagte, ich würde mein möglichstes tun. Wenn er mich bat, ihm etwas absolut wahrheitsgetreu zu sagen, war das sehr schwierig, und wenn ich es versuchte, machte es ihn wütend, oft nicht, wenn ich es sagte, sondern später, und manchmal viel später, nachdem er darüber nachgegrübelt hatte. Meine Worte wurden zu etwas, das zerstört werden mußte, und manchmal, wenn möglich, ich mit ihnen.

Er trank Wein beim Essen, aber das machte ihm nichts, denn er hatte vorher nichts getrunken, um sich auf das Essen vorzubereiten. Wir sprachen über unsere Arbeit und über Bekannte, und er fragte mich nach Leuten, die wir lange nicht gesehen hatten. Ich wußte, daß er etwas Gutes schrieb und daß er aus vielen Gründen große Schwierigkeiten hatte, aber das war es nicht, worüber er sprechen wollte. Ich wartete weiter ab, daß es kommen würde, die Sache, über die ich die absolute Wahrheit sagen sollte, aber er wollte erst am Ende der Mahlzeit die Sprache darauf bringen, als ob wir bei einem Geschäftsessen wären.

Schließlich, als wir die Kirschtorte aßen und eine letzte Karaffe

Wein dazu tranken, sagte er: «Du weißt, daß ich mit niemand außer mit Zelda geschlafen habe.»

«Nein. Das wußte ich nicht.»

«Ich dachte, ich hätte es dir erzählt.»

«Nein. Du hast mir 'ne Menge Sachen erzählt, aber das nicht.»

«Das ist es, worüber ich dich etwas fragen muß.»

«Schön, weiter.»

«Zelda hat gesagt, daß ich, so wie ich gewachsen bin, nie eine Frau glücklich machen könne, und das war's, was sie zuerst aus dem Gleichgewicht gebracht hat. Sie sagte, es sei eine Frage der Maße. Seit sie das gesagt hat, bin ich nie wieder der alte gewesen, und ich muß es wahrheitsgemäß wissen.»

«Komm raus, ins Büro», sagte ich.

«Wo ist das Büro?»

«Das WC», sagte ich.

Wir kamen zurück und setzten uns wieder an unseren Tisch.

«Du bist völlig in Ordnung», sagte ich. «Du bist okay. Dir fehlt überhaupt nichts. Du siehst dich von oben an, und deshalb siehst du dich verkürzt. Geh rüber in den Louvre und sieh dir die Statuen an, und dann geh nach Hause und sie dich selbst im Spiegel im Profil an.»

«Die Statuen da brauchen nicht normal zu sein.»

«Die sind schon recht gut. Die meisten Leute würden sich mit denen zufriedengeben.»

«Aber warum sollte sie das sagen?»

«Um dich außer Betrieb zu setzen. Das ist die älteste Art und Weise der Welt, um Leute außer Betrieb zu setzen. Scott, du hast mich gebeten, dir die Wahrheit zu sagen, und ich kann dir noch viel mehr sagen, aber dies ist die absolute Wahrheit und alles, was du brauchst. Du hättest auch zu einem Arzt gehen können.»

«Das wollte ich nicht. Ich wollte, daß du es mir wahrheitsgemäß sagst.»

«Ja, glaubst du mir nun?»

«Ich weiß nicht», sagte er.

«Komm rüber in den Louvre», sagte ich. «Es ist gerade nur die Straße runter und über den Fluß.»

Wir gingen in den Louvre, und er besah sich die Statuen, war aber immer noch im Zweifel.

«Im Grunde handelt es sich nicht um die Größe in Ruhestellung», sagte ich. «Es ist die Größe, die er annimmt. Es ist auch eine Frage der Lage.» Ich erklärte ihm, wie man ein Kissen benutzen könne und ein paar andere Dinge, deren Kenntnis ihm vielleicht nützlich sein würden.

«Ich kenne da ein Mädchen», sagte er, «die ist sehr nett zu mir gewesen, aber nach dem, was Zelda sagt . . .»

«Vergiß, was Zelda gesagt hat», erwiderte ich ihm. «Zelda ist verrückt. Dir fehlt nichts. Hab nur Zutrauen zu dir und tu, was das Mädchen möchte. Zelda will dich einfach kaputtmachen.»

«Du weißt gar nichts von Zelda.»

«Schön», sagte ich. «Lassen wir's dabei. Aber du kamst zum Lunch, um mich etwas zu fragen, und ich hab versucht, dir eine ehrliche Antwort zu geben.»

Aber er war immer noch im Zweifel.

«Wollen wir gehen und uns ein paar Bilder ansehen?» fragte ich. «Hast du hier jemals etwas außer der Mona Lisa gesehen?»

«Ich bin nicht in der Stimmung, Bilder anzusehen», sagte er. «Ich habe ein paar Leuten versprochen, sie in der Bar vom *Ritz* zu treffen.»

Viele Jahre später in der Bar vom *Ritz*, lange nach dem Ende des Zweiten Weltkriegs, fragte mich Georges, der jetzt Chef an der Bar ist und der, als Scott in Paris lebte, der *chasseur* war. «Papa, wer war dieser Monsieur Fitzgerald, über den mich jeder ausfragt?»

«Kannten Sie ihn nicht?»

«Nein. Ich erinnere mich an alle Leute aus dieser Zeit. Aber jetzt fragt mich jeder nur nach ihm.»

«Was erzählen Sie ihnen denn?»

«Irgend etwas Interessantes, das sie hören wollen. Was ihnen Spaß machen wird. Aber erzählen Sie mir, wer er war.»

«Er war ein amerikanischer Schriftsteller Anfang der zwanziger Jahre und auch später, der eine Zeitlang in Paris und im Ausland lebte.»

«Aber wieso sollte ich mich denn nicht an ihn erinnern? War er ein guter Schriftsteller?»

«Er hat zwei sehr gute Bücher geschrieben und eines, das er nicht zum Abschluß brachte, von dem jene, die seine Bücher am besten kennen, sagten, daß es sehr gut geworden wäre. Er hat auch einige gute Kurzgeschichten geschrieben.»

«War er oft hier in der Bar?»

«Ich glaube, ja.»

«Aber Sie kamen in den frühen zwanziger Jahren nicht in die Bar. Ich weiß, Sie waren damals arm und wohnten in einem anderen Viertel.»

«Wenn ich Geld hatte, ging ich ins *Crillon.*»

«Das weiß ich auch. Ich erinnere mich genau, wie wir uns kennenlernten.»

«Ich auch.»

«Es ist seltsam, daß ich keinerlei Erinnerung an ihn habe», sagte Georges.

«Alle diese Leute sind tot.»

«Dennoch, man vergißt Menschen nicht, weil sie tot sind, und die Leute fragen mich andauernd nach ihm. Sie müssen mir etwas über ihn erzählen – für meine Memoiren.»

«Das werde ich tun.»

«Ich erinnere mich, wie Sie und der Baron von Blixen eines Abends ankamen – in welchem Jahr?» Er lächelte.

«Er ist auch tot.»

«Ja, aber man vergißt ihn nicht. Verstehen Sie, was ich meine?»

«Seine erste Frau schrieb wunderbar», sagte ich. «Sie schrieb wohl das beste Buch über Afrika, das ich je gelesen habe. Bis auf Sir Samuel Bakers Buch über die Nebenflüsse des Nils in Abessinien. Benutzen Sie das in Ihren Memoiren, da Sie sich jetzt für Schriftsteller interessieren.»

«Gut», sagte Georges. «Der Baron war ein Mann, den man nicht vergißt. Und der Titel des Buches?»

«Afrika – dunkel lockende Welt», sagte ich. «Blickie war immer sehr stolz auf die Bücher seiner ersten Frau. Aber wir kannten einander lange, ehe sie dies Buch schrieb.»

«Aber Monsieur Fitzgerald, über den man mich dauernd fragt?»

«Er war hier zu Franks Zeit.»

«Ja, aber ich war der *chasseur*. Sie wissen, was ein *chasseur* ist.»

«Ich werde etwas über ihn in einem Buch schreiben, das ich über meine frühen Jahre in Paris schreiben will. Ich habe es mir geschworen, daß ich es schreiben werde.»

«Gut», sagte Georges.

«Ich tu ihn da hinein, genau wie ich ihn im Gedächtnis habe, als ich ihn kennenlernte.»

«Gut», sagte Georges. «Dann werde ich mich an ihn erinnern, falls er herkam. Schließlich vergißt man ja Menschen nicht.»

«Touristen?»

«Natürlich. Aber Sie sagten, er kam sehr oft her?»

«Es bedeutete ihm sehr viel.»

«Schreiben Sie über ihn, wie Sie ihn im Gedächtnis haben, und dann werde ich mich an ihn erinnern, falls er herkam.»

«Wir werden sehen», sagte ich.

Als wir unserer drei waren, statt nur wir zwei, waren es die Kälte und das Wetter, die uns schließlich in der Winterzeit aus Paris vertrieben. Für uns allein war es kein Problem, wenn man sich einmal daran gewöhnt hatte. Ich konnte immer in ein Café gehen und schreiben und konnte den ganzen Vormittag bei einem *café crème* arbeiten, während die Kellner das Café säuberten und ausfegten und es nach und nach wärmer wurde. Meine Frau konnte auch in einem kalten Raum Klavier üben und sich mit genügend Wolljacken beim Spielen warm halten und dann nach Hause gehen und sich um Bumby kümmern. Es war jedoch unrecht, ein Baby im Winter ins Café mitzunehmen, selbst ein Baby, das niemals schrie und alles, was passierte, beobachtete und sich niemals langweilte. Damals gab es keine Babysitter, und Bumby blieb vergnügt zu Hause in seinem hohen Gitterbett mit seiner großen, liebevollen Katze, die F. Puss hieß. Es gab Leute, die sagten, es sei gefährlich, eine Katze bei einem Baby zu lassen. Die Unwissendsten und Voreingenommensten sagten, daß eine Katze den Atem des Babys einsaugen und es ersticken würde. Andere sagten, daß die Katze sich auf das Baby legen und es durch ihr Gewicht erdrücken würde. F. Puss lag neben Bumby in dem hohen Gitterbett und beobachtete mit seinen großen gelben Augen die Tür und ließ niemanden an ihn heran, wenn wir nicht da waren und Marie, die *femme de ménage*, einmal weggehen mußte. Wir brauchten keine Babysitter. F. Puss war der Babysitter.

Aber wenn man arm ist – und wir waren wirklich arm, nachdem wir aus Kanada zurückgekommen waren und ich mit allem Journalismus Schluß gemacht hatte und überhaupt keine Stories verkaufen konnte –, war es zu schwierig mit einem Baby im Winter in Paris. Mit drei Monaten hatte Mr. Bumby auf einem kleinen Cunarder, der im Januar in zwölf Tagen von New York über Halifax fuhr, den Atlantik überquert. Er schrie überhaupt nicht auf der Reise und lachte vergnügt, wenn er bei stürmischem Wetter in einer Koje verbarrikadiert wurde. Aber unser Paris war zu kalt für ihn.

Wir fuhren nach Schruns im Vorarlberg in Österreich. Nachdem man durch die Schweiz gefahren war, kam man bei Feldkirch an die österreichische Grenze. Der Zug fuhr durch Liechtenstein und hielt in Bludenz, wo eine kleine Seitenlinie abging, die an einem steinigen Forellenwasser entlang, durch ein Tal mit Bauernhöfen und Wäldern bis Schruns führte, einer sonnigen Marktstadt mit Sägemühlen, Geschäften, Gasthöfen und einem guten, ganzjährig geöffneten Hotel, das *Die Taube* hieß, in dem wir wohnten.

Die Zimmer in der *Taube* waren groß und behaglich, mit großen Öfen, großen Fenstern und großen Betten und guten Wolldekken und Federbetten. Die Mahlzeiten waren einfach und ausgezeichnet, und der Speisesaal und die holzgetäfelte Gaststube waren gut geheizt und gemütlich. Das Tal war weit und offen, so daß man viel Sonne hatte. Die Pension kostete für uns drei ungefähr zwei Dollar am Tag, und da der österreichische Schilling durch die Inflation fiel, kosteten das Zimmer und Essen immer weniger. Es war keine schreckliche Inflation und Armut, wie sie in Deutschland gewesen war. Der Schilling ging rauf und runter, aber im längeren Verlauf runter.

In Schruns gab es weder Skilifte noch Seilbahnen, aber es gab Holzabschleppwege und Viehwege, die durch verschiedene Bergtäler ins Hochgebirge führten. Man stieg mit Seehundsfellen auf, die man unter den Skiern angeschnallt hatte. Am oberen Ende der Gebirgstäler waren die großen Alpenvereinshütten für die Sommerbergsteiger, dort konnte man schlafen, und man hinterließ Geld für alles Holz, das man verbrauchte. Zu manchen mußte man sein eigenes Holz hinaufschaffen, oder man heuerte, wenn man auf eine lange Hochgebirgs- oder Gletschertour ging, jemanden an, der einem Holz und Vorräte dorthin schaffte, wo man sein Quartier aufschlug. Die berühmtesten dieser hochgelegenen Schutzhütten waren die Lindauer Hütte, das Madlener Haus und die Wiesbadener Hütte.

Hinter der *Taube* war eine Art Übungshang, wo man durch Obstgärten und Felder lief, und ein anderer guter Hang war jenseits des Tals hinter Tschagguns, wo es ein wunderschönes Wirtshaus mit einer hervorragenden Sammlung von Gamshörnern an den Wänden der Gaststube gab. Hinter dem Holzfällerdorf von Tschagguns, das am anderen Ende des Tales war, erstreckte sich das gute Skigelände immer weiter bergan, bis man schließlich das Gebirge überqueren und hinüber in die Silvretta, in das Gebiet von Klosters gelangen konnte.

Schruns war ein gesunder Aufenthaltsort für Bumby. Ein dunkelhaariges, hübsches Mädchen fuhr ihn in seinem Schlitten in der Sonne spazieren und kümmerte sich um ihn, und Hadley und ich hatten Gelegenheit, all das neue Land und die neuen Dörfer kennenzulernen, und die Leute im Ort waren sehr freundlich. Herr Walther Lent, einer der ersten Hochgebirgsskiläufer, der eine Zeitlang der Partner von Hannes Schneider, dem großen Arlbergskiläufer gewesen war und mit ihm Skiwachs fürs Aufsteigen und für alle Arten von Schneebeschaffenheit hergestellt hatte, gründete eine Schule für alpines Skilaufen, in der wir uns beide anmeldeten. Walther Lents Methode war, seine Schüler so schnell wie möglich von den

Übungshängen wegzubekommen und mit ihnen Ausflüge ins Hochgebirge zu machen. Skilaufen war nicht so, wie es heute ist. Damals war der Bruch der Wirbelsäule noch nichts Alltägliches, und niemand konnte sich ein gebrochenes Bein leisten. Es gab keine Pistenpatrouillen, und man mußte auf jeden Berg, von dem man abfuhr, hinaufklettern. Dadurch bekam man Beine, die zum Abfahren taugten.

Walther Lent fand, daß der Spaß beim Skilaufen darin lag, ins höchste Gebirgsland hinaufzugelangen, wo sonst niemand war, und wo es keine Spuren im Schnee gab, und dann über die höchsten Pässe und Gletscher der Alpen von einer hohen Alpenvereinshütte zur anderen zu laufen. Man durfte keine Bindung haben, die einem das Bein brach, wenn man fiel. Der Ski mußte abgehen, ehe er einem das Bein brach. Was er besonders gern hatte, war Gletscherskilaufen ohne Seil, aber damit mußten wir bis zum Frühjahr warten, wenn die Gletscherspalten genügend zugeschneit waren.

Hadley und ich fanden Skilaufen herrlich, seit wir es zuerst zusammen in der Schweiz versucht hatten und später in Cortina d'Ampezzo in den Dolomiten, ehe Bumby geboren wurde; der Arzt in Mailand hatte ihr erlaubt, weiter Ski zu laufen, wenn ich versprach, daß sie nicht fallen würde. Das erforderte eine sehr sorgfältige Wahl des Geländes und der Abfahrten und eine völlig beherrschte Kontrolle beim Laufen. Aber sie hatte schöne, wundervoll kräftige Beine und eine ausgezeichnete Herrschaft über ihre Skier, und sie fiel nicht. Wir alle kannten die verschiedenen Schneebeschaffenheiten, und jeder wußte, wie man im tiefen Pulverschnee laufen mußte.

Wir liebten das Vorarlberg, und wir liebten Schruns. Wir fuhren gegen Ende November hin und blieben beinahe bis Ostern. Man konnte immer Ski laufen, obwohl Schruns für einen Wintersportplatz – außer in einem Winter mit schweren Schneefällen – nicht hoch genug lag. Aber jeder Aufstieg machte Spaß, und in jenen Tagen störte es niemanden. Man setzte sich eine gewisse Geschwindigkeit, weit unter dem Tempo, in dem man steigen konnte, und es war leicht, das Herz war in Ordnung, und man war stolz auf das Gewicht seines Rucksacks. Ein Teil des Anstiegs zum Madlener Haus war steil und sehr schwierig, aber wenn man zum zweitenmal dort hinaufstieg, war es leichter, und schließlich schaffte man es mühelos mit dem doppelten Gewicht, das man zuerst getragen hatte.

Wir waren immer hungrig, und jede Mahlzeit war ein großes Ereignis. Wir tranken helles oder dunkles Bier und junge Weine und manchmal Weine, die ein Jahr alt waren. Die Weißweine waren am besten. Andere Getränke waren Kirsch, der im Tal gemacht wurde,

und Enzianschnaps, der aus Gebirgsenzian gebrannt wurde. Manchmal gab es zum Mittagessen Hasenpfeffer mit einer üppigen Rotweinsauce und manchmal Wild mit Kastanienpüree. Hierzu tranken wir Rotwein, obwohl er teurer war als der Weißwein, und der allerbeste kostete 20 Cents pro Liter. Gewöhnlicher Rotwein war viel billiger, und wir schafften ihn in kleinen Fässern zum Madlener Haus hinauf.

Wir hatten einen Büchervorrat, den uns Sylvia Beach für den Winter hatte mitnehmen lassen, und wir konnten mit den Leuten aus dem Ort auf dem Weg, der vom Sommergarten des Hotels abging, kegeln. Ein- oder zweimal in der Woche spielte man im Speisesaal des Hotels bei geschlossenen Fensterläden und verriegelter Tür Poker. Damals waren Glücksspiele in Österreich verboten, und ich spielte mit Herrn Nels, dem Hotelbesitzer, Herrn Lent von der alpinen Skischule, einem Bankier aus dem Ort, dem Gerichtsvollzieher und dem Gendarmeriehauptmann. Es war ein hartes Spiel, und alle waren gute Pokerspieler, nur Herr Lent spielte zu wild drauflos, weil die Skischule kein Geld einbrachte. Der Gendarmeriehauptmann hob den Finger ans Ohr, wenn er die beiden Gendarmen hörte, wenn sie auf ihrer Runde vor der Tür stehenblieben, und wir waren still, bis sie weitergingen.

In der Kälte des Morgens, sobald es hell wurde, kam das Mädchen ins Zimmer, schloß die Fenster und machte Feuer in dem großen Kachelofen. Dann wurde das Zimmer warm, es gab Frühstück, frisches Brot oder Toast mit köstlichen Marmeladen und große Tassen mit Kaffee, frische Eier und guten Schinken, wenn man welchen wollte. Es gab einen Hund, der Schnauz hieß, der am Fußende unseres Bettes schlief, der liebend gern auf Skitouren mitkam und auf meinem Rücken oder meinen Schultern ritt, wenn ich berganlief. Er war auch mit Mr. Bumby befreundet und ging neben dem kleinen Schlitten her mit ihm und dem Kindermädchen spazieren.

Schruns war ein guter Platz zum Arbeiten. Ich weiß es, denn dort hatte ich im Winter 1925/26 das Schwierigste an Umschreiben vor, das ich je gemacht habe, als ich die erste Fassung von *Fiesta*, die ich in einem Lauf in sechs Wochen geschrieben hatte, zu einem Roman umarbeitete. Ich kann mich nicht erinnern, welche *short stories* ich dort schrieb. Aber es waren mehrere, die gut ausfielen.

Ich erinnere mich, wie der Schnee auf der Straße zum Dorf knirschte, wenn wir mit unseren Skiern und Skistöcken auf den Schultern in der Kälte nach Hause gingen, wie wir nach den Lichtern ausschauten und dann schließlich die Häuser sahen, und wie jeder auf der Straße «Grüß Gott» sagte. In der Weinstube waren immer

Einheimische mit Nagelschuhen und in Gebirgstracht, und die Luft war rauchig, und die hölzernen Fußböden waren von den Nägeln zerschrammt. Viele der jungen Leute hatten in den österreichischen Alpenregimentern gedient, und einer, der Hans hieß und in der Sägemühle arbeitete, war ein berühmter Jäger, und wir waren gut befreundet, weil wir in Italien im selben Gebirgsabschnitt gewesen waren. Wir tranken zusammen, und wir sangen alle zusammen Gebirgslieder.

Ich erinnere mich an die Pfade, die durch die Obstgärten und die Felder der Bauernhöfe am Hügelhang über dem Dorf hinaufführten, und an die warmen Bauernhäuser mit ihren großen Öfen und den riesigen Holzhaufen im Schnee. Die Frauen arbeiteten in der Küche und krempelten und spannen Wolle zu grauen und schwarzen Fäden. Die Spinnräder wurden mit einem Tretbrett in Bewegung gesetzt, und die Fäden waren nicht gefärbt. Die schwarzen Fäden stammten aus der Wolle schwarzer Schafe. Es war Naturwolle, und sie war nicht entfettet worden, und die Mützen und Sweater und langen Schals, die Hadley daraus strickte, wurden im Schnee niemals naß.

An einem Weihnachten gab es ein vom Schullehrer einstudiertes Stück von Hans Sachs. Es war ein gutes Stück, und ich schrieb eine Besprechung für die Provinzzeitung, die der Hotelbesitzer übersetzte. In einem anderen Jahr kam ein ehemaliger deutscher Marineoffizier mit kahlgeschorenem Kopf und Schmissen und hielt einen Vortrag über die Schlacht im Skagerrak. Die Lichtbilder zeigten die Bewegungen der beiden Kriegsflotten, und der Marineoffizier benutzte ein Billardqueue als Zeigestock, wenn er die Feigheit von Jellicoe hervorhob, und manchmal wurde er so wütend, daß sich seine Stimme überschlug. Der Schullehrer hatte Angst, daß er mit dem Billardqueue die Leinwand durchbohren würde. Hinterher konnte sich der ehemalige Marineoffizier nicht wieder beruhigen, und alle in der Weinstube fühlten sich unbehaglich. Nur der Gerichtsvollzieher und der Bankier tranken mit ihm, und sie saßen an einem Tisch für sich. Herr Lent, der Rheinländer war, wollte sich den Vortrag nicht anhören. Ein Pärchen aus Wien war da, das zum Skilaufen gekommen war, das aber nicht ins Hochgebirge hinauf wollte und deshalb nach Zürs abreiste, wo es – wie ich hörte – von einer Lawine getötet wurde. Der Mann sagte, der Vortragende sei die Sorte von Schweinehund, die Deutschland zugrunde gerichtet hätte, und in zwanzig Jahren würden sie wieder soweit sein. Die Frau, mit der er da war, hieß ihn auf französisch den Mund halten und sagte, dies sei ein kleiner Ort, und man könne nie wissen.

Das war das Jahr, in dem so viele Leute von Lawinen getötet

wurden. Das erste große Unglück war in Lech am Arlberg jenseits der Berge unseres Tals. Eine Gruppe von Deutschen wollte kommen, um mit Herrn Lent in den Weihnachtsferien Ski zu laufen. Der Schnee kam spät in diesem Jahr, und die Hügel und Berghänge waren noch warm von der Sonne, als ein großer Schneefall einsetzte. Der Schnee war tief und pulverig und haftete überhaupt nicht am Boden. Die Voraussetzungen zum Skilaufen konnten nicht ungünstiger sein, und Herr Lent hatte den Berlinern telegrafiert, nicht zu kommen. Aber es war ihre Urlaubszeit, und sie waren unerfahren und hatten keine Angst vor Lawinen. Sie kamen in Lech an, und Herr Lent weigerte sich, mit ihnen hinauszugehen. Ein Mann nannte ihn einen Feigling, und sie sagten, sie würden allein Ski laufen. Schließlich brachte er sie zu dem sichersten Hang, den er finden konnte. Er überquerte ihn selbst, und dann folgten sie ihm, und die ganze Hügelwand kam in einem wilden Sturz herunter und türmte sich über ihnen, wie sich eine Flutwelle türmt. Dreizehn wurden ausgegraben, und neun von ihnen waren tot. Die alpine Skischule hatte schon vorher nicht floriert, und danach waren wir fast die einzigen Schüler. Wir wurden zu großen Lawinenforschern, lernten, welche verschiedenen Typen von Lawinen es gibt, wie man sie vermeidet und wie man sich verhält, wenn man in eine hineingerät. Ich schrieb das meiste, was ich in diesem Jahr schrieb, in der Lawinenzeit.

Das Schlimmste, an das ich mich aus jenem Lawinenwinter erinnere, war ein Mann, der ausgegraben wurde. Er hatte sich zusammengekauert und mit den Armen vor seinem Kopf einen Kasten gemacht, wie man es uns beigebracht hatte, damit man Luft zum Atmen bekam, wenn der Schnee sich über einem türmte. Es war eine riesige Lawine, und es dauerte lange, bis man alle ausgegraben hatte, und dieser Mann war der letzte, den man fand. Er war noch nicht lange tot, und sein Hals war durchgescheuert, so daß die Sehnen und Knochen sichtbar waren. Er hatte seinen Kopf gegen den Druck des Schnees von einer Seite auf die andere gedreht. In dieser Lawine muß etwas alter, verharschter Schnee mit dem neuen, leichten Schnee, der gerutscht war, vermischt gewesen sein. Wir konnten nicht feststellen, ob er es absichtlich gemacht oder den Verstand verloren hatte. Wie auch immer verweigerte ihm der Priester des Ortes ein Begräbnis in geweihter Erde, da es keinen Beweis dafür gab, daß er katholisch war.

Als wir in Schruns wohnten, hatten wir einen langen Anmarsch durch das Tal hinauf zu dem Gasthaus, in dem wir übernachteten, ehe wir mit dem Anstieg zum Madlener Haus begannen. Es war ein sehr schönes altes Gasthaus, und das Holz an den Wänden in dem

Raum, in dem wir aßen und tranken, war durch jahrelanges Polieren seidig. Tisch und Stühle ebenfalls. Wir schliefen eng beieinander in dem großen Bett unter dem Federbett bei offnem Fenster, und die Sterne waren nah und sehr hell. Morgens nach dem Frühstück beluden wir uns alle und trugen unsere Skier auf den Schultern, um die Straße hinaufzugehen, und begannen den Aufstieg im Dunkeln, und die Sterne waren nah und sehr hell. Die Skier der Träger waren kurz, und sie trugen schwere Lasten. Wir wetteiferten miteinander, wer mit den schwersten Lasten steigen konnte, aber niemand konnte sich mit den Trägern messen, untersetzten, mürrischen Bauern, die nur Montafoner Dialekt sprachen und wie Packpferde stetig emporstiegen, und oben, wo man die Alpenvereinshütte auf einer Felsplatte neben dem schneebedeckten Gletscher errichtet hatte, entluden sie sich ihrer Lasten gegen die steinerne Mauer der Hütte, forderten mehr Geld als den vorher abgemachten Preis und schossen, nachdem sie einen Vergleich zustande gebracht hatten, wie Gnome auf ihren kurzen Skiern hinunter und außer Sicht. Eine unserer Bekannten, die mit uns Ski lief, war ein deutsches Mädchen. Sie war eine große Tourenskiläuferin – klein und schön gewachsen –, die einen so schweren Rucksack wie ich tragen konnte und ihn länger tragen konnte als ich.

«Diese Träger sehen einen immer an, als ob sie sich darauf freuten, einen als Leiche runterzutragen», sagte sie. «Sie bestimmen den Preis für die Tour, und ich hab's noch nie erlebt, daß sie nicht mehr fordern.»

Im Winter in Schruns trug ich einen Bart wegen der Sonne, die mein Gesicht im hohen Schnee so arg verbrannte, und gab auch nichts aufs Haarschneiden. Eines Abends spät, als wir auf Skiern die Holzfällerfährte runterliefen, erzählte mir Herr Lent, daß manche Bauern, denen ich unterwegs auf den Wegen oberhalb von Schruns begegnete, mich den ‹Schwarzen Christus› nannten. Er sagte, daß manche, wenn sie in die Weinstube kamen, mich den ‹schwarzen, Kirsch-trinkenden Christus› nannten. Aber für die Bauern an dem jenseitigen oberen Ende des Montafon, wo wir die Träger anheuerten, um zum Madlener Haus aufzusteigen, waren wir alle fremdländische Teufel, die ins Hochgebirge gingen, wenn man ihm fernbleiben sollte. Daß wir vor Tageslicht aufbrachen, um nicht an Lawinenstellen zu geraten, wenn die Sonne sie gefährlich machen konnte, sprach auch nicht zu unseren Gunsten. Es bewies nur, daß wir arglistig waren wie alle fremdländischen Teufel.

Ich erinnere mich an den Duft der Tannen und das Schlafen in den Holzfällerhütten auf den Matratzen aus Buchenblättern, und das Skilaufen durch den Wald, wenn wir Hasen- und Fuchsspuren

folgten. Ich erinnere mich, wie wir in den hohen Bergen oberhalb der Baumgrenze den Spuren eines Fuchses folgten, bis ich ihn zu Gesicht bekam und ihn beobachten konnte, wie er mit erhobenem rechten Vorderlauf dastand und dann behutsam zum Stehen kam und dann lossetzte – und an das Weiß und den Spektakel eines Schneehuhns, das aus dem Schnee hervorbrach und hinweg und über den Kamm flog.

Ich erinnere mich an all die Arten von Schnee, die durch den Wind entstehen konnten, und deren verschiedenartige Tücken beim Skilaufen. Dann, während man in einer hochgelegenen Alphütte war, gab es Schneestürme, und sie schufen eine fremde Welt, durch die wir unseren Weg so behutsam bahnen mußten, als ob wir das Land nie gesehen hätten. Das hatten wir auch nicht, es war ja alles neu. Schließlich, als es dem Frühling zuging, gab es die große Gletscherabfahrt, glatt und gerade, endlos gerade, wenn unsere Beine es durchhalten konnten; die Knöchel aneinandergedrückt, liefen wir ganz tief gedruckt, überließen uns der Geschwindigkeit und glitten endlos, endlos im stillen Zischen des körnigen Pulverschnees. Es war schöner als jedes Fliegen oder sonst irgend etwas, und wir entwickelten die Fähigkeit, es zu tun und zu genießen durch die langen Aufstiege mit den schweren Rucksäcken, die wir trugen. Wir konnten den Aufstieg weder erkaufen noch ein Billett zum Gipfel nehmen. Auf dieses Ziel arbeiteten wir den ganzen Winter hin, und der ganze Winter trug dazu bei, es möglich zu machen.

Während unseres letzten Jahres in den Bergen griffen neue Menschen tief in unser Leben ein, und nichts war je wieder wie vorher. Der Winter mit den Lawinen war wie ein glücklicher, unschuldiger Winter unserer Kindheit, verglichen mit dem nächsten Winter, einem Alptraum unter der Maske eines riesigen Spaßes und mit dem mörderischen Sommer, der folgen sollte. In diesem Jahr war es, daß die reichen Leute auftauchten.

Die Reichen haben eine Art Lotsenfisch, der ihnen vorausgeht; manchmal ist er ein bißchen taub, manchmal ein bißchen blind, aber immer schnüffelt er leutselig und zögernd vorweg. Der Lotsenfisch spricht ungefähr so: «Nun, das weiß ich nicht. Nein, natürlich nicht wirklich. Aber ich mag sie. Ich mag sie beide. Ja, bei Gott, Hem. Ich mag sie nun mal. Ich verstehe, was Sie meinen, aber ich mag sie wirklich, und sie hat irgendwas verdammt Schickes an sich.» (Er nennt ihren Namen und spricht ihn liebevoll aus.) «Nein, Hem, seien Sie nicht albern und schwierig. Ich mag sie wirklich. Alle beide, auf Ehrenwort. Er wird Ihnen gefallen, wenn Sie ihn erst kennen» (und dabei benutzt er seinen Kosenamen aus der Babysprache). «Ich mag sie beide wirklich.»

Dann sind die Reichen da, und nichts ist je wieder so, wie es war. Der Lotsenfisch verschwindet natürlich. Er fährt immer irgendwohin oder kommt von irgendwoher, und sehr lange bleibt er nie in der Nähe. In Politik und Theater taucht er auf und verschwindet auf die gleiche Art, wie er in seinen jungen Jahren in Ländern und im Leben anderer Menschen auftaucht und verschwindet. Er wird nie gefangen, und er wird auch von den Reichen nicht gefangen. Nichts kann ihn je fangen, und nur die, die ihm vertrauen, werden gefangen und umgebracht. Er hat das unersetzliche frühe Training des Bankerts und eine latente, lange unerfüllt gebliebene Liebe zum Geld. Am Ende ist er selbst ein reicher Mann, nachdem er mit jedem Dollar, den er verdient hat, um eine Dollarbreite vorwärts gekommen ist.

Diese reichen Leute liebten ihn und vertrauten ihm, weil er schüchtern, drollig, nicht zu fassen, bereits erprobt und ein unfehlbarer Lotsenfisch war.

Wenn zwei Menschen sich lieb haben und glücklich und vergnügt sind, und einer von ihnen oder beide wirklich gute Arbeit leisten, fühlen sich andere Leute so sicher zu ihnen hingezogen wie Zugvögel, die nachts um einen mächtigen Leuchtturm kreisen. Wären die beiden Menschen so massiv gebaut wie der Leuchtturm, wäre der Schaden gering – außer für die Vögel. Menschen, die andere Leute durch ihr Glück und ihre Leistung anziehen, sind gewöhnlich unerfahren. Sie wissen nicht, wie man es vermeidet, sich überrumpeln zu lassen, und wie man ausweicht. Meistens fehlt ihnen jegliche Kenntnis der guten, der anziehenden, der reizenden, der schnellgeliebten, der großzügigen und verständnisvollen Reichen, die keine schlechten Eigenschaften haben und jeden Tag zum Festtag machen, und die, wenn sie verschwinden und sich die Nahrung, die sie benötigten, genommen haben, alles noch toter zurücklassen als die Wurzeln jeglichen Grases, das von den Hufen der Rosse Attilas zerstampft worden ist.

Die Reichen kamen im Gefolge des Lotsenfisches. Ein Jahr zuvor wären sie nie gekommen. Damals gab es keine Gewißheit. Unsere Arbeit war ebensogut, und unser Glück war größer, aber noch war kein Roman geschrieben, deshalb konnten sie nicht sicher sein. Sie verschwendeten nie ihre Zeit oder ihren Charme an etwas, das keine Gewißheit bot. Warum sollten sie? Picasso war eine sichere Sache; und er war es natürlich schon, ehe sie je von Malerei gehört hatten. Sie waren auch bei einem anderen Maler, vielen anderen Malern, ihrer Sache sicher. Und dieses Jahr waren sie sicher, was uns betraf. Sie hatten die Bestätigung von dem Lotsenfisch erhalten, der auch auftauchte, damit wir nicht das Gefühl bekämen, sie seien Eindringlinge, und damit ich nicht schwierig sein würde. Der Lotsenfisch war natürlich unser Freund.

In jenen Tagen vertraute ich dem Lotsenfisch, genauso wie ich – sagen wir – den vom Hydrographischen Institut verbesserten Segelanweisungen für das Mittelmeer oder den Tabellen in Browns Nautischem Jahrbuch vertrauen würde. Bestrickt vom Charme dieser reichen Leute wurde ich so vertrauensselig und so dumm wie ein Hühnerhund, der mit jedem Mann, der ein Gewehr trägt, mitlaufen möchte, oder wie ein dressiertes Schwein im Zirkus, das endlich jemanden gefunden hat, der es allein um seiner selbst willen liebt und schätzt. Daß jeder Tag eine Fiesta sein sollte, war für mich eine phantastische Entdeckung. Ich las sogar den Teil des Romans, den ich umgeschrieben hatte, laut vor; das war ungefähr so tief, wie ein Schriftsteller sinken kann, und es ist für ihn als Schriftsteller viel gefährlicher, als ohne Seil auf Gletschern Ski zu laufen, ehe sich der Schnee des ganzen Winters über den Gletscherspalten gesetzt hat.

Wenn sie sagten «Das ist großartig, Ernest. Wahrhaftig, das ist großartig. Sie wissen gar nicht, wie großartig das ist», dann wedelte ich vor Vergnügen mit dem Schwanz und stürzte mich in die Fiesta-Stimmung, um vielleicht einen schönen, verlockenden Knüppel apportieren zu können, statt zu denken: Wenn es diesem Pack da gefällt, stimmt wohl was nicht. Das hätte ich gedacht, wenn ich so wie ein echter Schriftsteller reagiert hätte, obwohl ich es ihnen niemals vorgelesen hätte, wenn ich so wie ein echter Schriftsteller reagiert hätte.

Ehe diese Reichen gekommen waren, hatte sich bereits eine andere Reiche bei uns eingenistet, die den ältesten Trick benutzte, den es gibt, nämlich daß eine unverheiratete junge Frau die zeitweilig beste Freundin einer verheirateten jungen Frau wird und mit dem Mann und der Frau zusammen lebt und sich dann nichtswissend, unschuldig und erbarmungslos anschickt, den Mann zu heiraten. Ist der Ehemann ein Schriftsteller und mit einer schwierigen Arbeit beschäftigt, so daß er die meiste Zeit in Anspruch genommen ist und einen großen Teil des Tages seiner Frau kein guter Kamerad oder Partner sein kann, hat das Arrangement seine Vorteile, bis man merkt, wie es sich auswirkt. Der Ehemann hat zwei anziehende weibliche Wesen um sich, wenn er mit seiner Arbeit fertig ist. Eine ist neu und fremd, und wenn er Pech hat, liebt er plötzlich beide.

Nun sind es statt der zwei und ihrem Kind drei. Zuerst ist es anregend und macht Spaß, und es geht eine Weile gut. Alles wirklich Böse beginnt in Unschuld. So lebt man Tag für Tag und genießt, was man hat und macht sich keine Gedanken. Man lügt und haßt es, und es zerstört einen, und von Tag zu Tag wird es gefährlicher, aber man lebt von einem Tag zum andern wie im Krieg.

Ich mußte Schruns verlassen und nach New York fahren, um meinen Verleger zu wechseln. Ich erledigte das Geschäftliche in New York, und als ich nach Paris zurückkam, hätte ich an der Gare de l'Est den ersten Zug nehmen sollen, der mich nach Österreich hinuntergebracht hätte. Aber das Mädchen, in das ich mich verliebt hatte, war damals in Paris, und ich nahm weder den ersten Zug noch den zweiten, noch den dritten.

Als ich meine Frau wiedersah, die neben den Gleisen stand, als der Zug an den aufgestapelten Baumstämmen vorbei in die Station einlief, wünschte ich, ich wäre gestorben, ehe ich eine andere als sie geliebt hätte. Sie lächelte mit der Sonne auf ihrem schönen, wundervoll geschnittenen Gesicht, das von Sonne und Schnee gebräunt war, und auf ihr rotgoldenes Haar, das den ganzen Winter hindurch schön und ungebändigt wuchs, schien die Sonne, und neben ihr stand Mr. Bumby, blond und stämmig und mit Winterbacken wie ein guter Vorarlbergbub.

«Ach, Tatie», sagte sie, als ich sie in meinen Armen hielt, «nun bist du wieder da, und du hast eine so schöne, erfolgreiche Reise gemacht. Ich hab dich lieb, und wir haben dich so vermißt.»

Ich liebte sie, und ich liebte niemanden sonst, und wir hatten eine schöne, zauberhafte Zeit, während wir allein waren. Ich kam mit meiner Arbeit gut voran, und wir machten große Touren, und ich dachte, wir seien wieder unverwundbar; und erst als wir im Spätfrühling aus den Bergen fort und zurück in Paris waren, begann das andere wieder.

Das war das Ende meiner ersten Pariser Zeit. Paris sollte nie wieder dasselbe sein, obwohl es immer Paris war, und man veränderte sich, während es sich veränderte. Wir fuhren nie wieder ins Vorarlberg, und die reichen Leute auch nicht.

Paris hat kein Ende, und die Erinnerung eines jeden Menschen, der dort gelebt hat, ist von der jedes anderen verschieden. Wir kehrten immer wieder dorthin zurück, ganz gleich, wer wir waren, oder wie es sich verändert hatte, oder unter welchen Schwierigkeiten oder mit welcher Mühelosigkeit man hingelangen konnte. Paris war es immer wert, und man bekam den Gegenwert für alles, was man hinbrachte. Aber so war das Paris unserer ersten Jahre, als wir sehr arm und sehr glücklich waren.

Inhalt

Ernest Hemingway

Fiesta
rororo 5

In einem anderen Land
rororo 216

In unserer Zeit
15 stories
rororo 278

Männer ohne Frauen
14 stories
rororo 279

Der Sieger geht leer aus
14 stories
rororo 280

Der alte Mann und das Meer
rororo 328

Schnee auf dem Kilimandscharo
6 stories
rororo 413

Über den Fluß in die Wälder
rororo 458

Haben und Nichthaben
rororo 605

Die grünen Hügel Afrikas
rororo 647

Tod am Nachmittag
rororo 920

Paris – ein Fest fürs Leben
rororo 1438

49 Depeschen
rororo 1533

Die Sturmflut des Frühlings
rororo 1716

Insel im Strom
rororo 4080

Die Nick Adams Stories
rororo 5091

Der Abend vor der Schlacht
Stories aus dem spanischen Bürgerkrieg
rororo 5173 (August '83)

Ernest Hemingway
dargestellt von
Georges-Albert Astre
bildmonographie 73

1085/2